ホームレス・強制立退きと居住福祉

ホームレス・強制立退きと居住福祉

早川和男・吉田邦彦・岡本祥浩
編　集

居住福祉研究叢書
第2巻

信山社

―― 〈編・著者紹介〉――

早川和男 （はやかわ　かずお／神戸大学名誉教授）
炭谷　茂 （すみたに　しげる／(財)休暇村協会理事長）
岡本祥浩 （おかもと　よしひろ／中京大学教授）
吉田邦彦 （よしだ　くにひこ／北海道大学教授）
椎名　恆 （しいな　こう／元北海道大学教授）
斎藤正樹 （さいとう　まさき／ウトロを守る会）
熊野勝之 （くまの　かつゆき／弁護士）

Ⓒ 2007 信山社：東京 Printed in Japan

格差社会と居住福祉

　「格差社会」に注目が集まっている。市場原理による「構造改革」は、弱肉強食の社会をつくり、人びとの暮らしを悲惨な状況に追いこんでいる。しかしこの論議は、「格差」の指摘がもっぱら個人の所得や資産などの貨幣面（フロー）からで、社会的生活基盤としての居住福祉（ストック）の視点が抜けている。

　住まいに心配がなければ、人は収入が減っても老後も、年金などでなんとか暮らせる。しかし、傷病やリストラで家賃やローンが払えなければ、忽ち路頭に迷う。ホームレスや中高年の自殺の増加は、それを示している。

　また、市場原理中心の日本の住宅政策は、人びとが少しでも安い住宅を求めることから、大量の低質・欠陥住宅を氾濫させてきたが、「耐震偽装住宅」もその一環である。高価な有料老人ホームも「住宅貧困」「住生活商品化」の産物と考えるべきであろう。

　北海道・夕張市では、小学校7校と中学4校を各1校に統合、老人ホーム・市連絡所5カ所・通院交通費補助・高齢者敬老パス・ホームヘルパー派遣事業の廃止や検討、市立病院の縮小等々が報じられている。生活基盤施設の廃止・行政サービスの低下で、市民は町に住めなくなっている。

　収入の大きさに左右されないで、安心して生きられる社会をつくらねばならない。ここに、「居住福祉社会」を構想し、その諸条件を究明する課題が横たわっている。

　2007年3月

日本居住福祉学会会長
神戸大学名誉教授

早 川 和 男

目　　次

はしがき（早川和男）vii

叢書第2巻の解題（吉田邦彦）ix

第Ⅰ部　ホームレス

第1章　炭谷　茂

環境福祉・ソーシャル・インクルージョンとホームレス　1

第2章　岡本祥浩

イギリスにおけるホームレス問題とその支援事業　31

第3章　吉田邦彦

サンフランシスコ市貧困地区テンダロインのホームレス問題・居住問題　65

第4章　椎名　恆

札幌のホームレス問題と背景
　　──調査と支援活動からみえてきたもの──　97

第Ⅱ部　強制退去

第5章　斎藤正樹　文　永基他

京都ウトロ居住者の抱える問題
　　──強制立退きと「居住の権利」──　143

第6章　熊野勝之

居住福祉における強制立退きの位置　177

居住福祉研究叢書第 2 巻

あとがき（岡本祥浩）201
編者・執筆者紹介（前付，204）

第2巻「解題」
――本叢書発刊の趣旨も兼ねて――

日本居住福祉学会副会長
吉 田 邦 彦

  1　本巻では、ホームレス問題及び強制立退き問題に関する論文・講演を収録した。この2つの問題を、居住福祉学の各論の最初に取り上げたのは、――生活の拠点・基盤が根底から危機に晒されているという意味で――それらが居住の現場・現実を重視する居住福祉学において、深刻、緊急且喫緊の問題であるためである。しかもこれらは、法的には「都市不法占拠者」（urban squatters）といわれる、「占有者なのだが、いずれも土地（空間）利用の所有権限再配分のメカニズムが機能不全である状況」を扱う。その意味での民法分野（私の専門）の問題であるのだが、私的な排他的所有の観念（民法206条）の強固さのゆえか、未だに国内法レベルで対応ができていないままに、国際法的に――国際人権規約委員会の警告という形で――わが国の状況が非難を浴びているという意味でも共通している。

  2　まず巻頭を飾るのは、炭谷環境事務次官（当時）の2004年5月居住福祉学会の名古屋での年次大会での講演である。炭谷氏は、厚生（労働）省、環境省の枢要な部署を歴任した経験を活かし、環境福祉学ないしソーシャルインクルージョン研究会などを立ち上げていることでも知られるが（講演でも触れられるが、それは、「居住福祉学」と密接な関係にある）、激務の中を週末頻繁に東京から新幹線で大阪釜が崎に足を運び、ホームレス問題を直視して、イギリスでの見聞を活かし、日本型CAN（Community Action Network）の形成を試みて、ホームレスの人びとの社会復帰に向けたセイフティネットの構築に尽力されている、貴重な異色の存在である（NTTドキュメント『事務次官の休日』として放映された〔2005年6月12日〕）。詳細は1章を参照されたいが、官僚というと、昨今では旗色が悪く、先例に捉われた現状護持の

居住福祉研究叢書第2巻　　　　　　　　　　　　　　　　　　　［吉田邦彦］

保守的イメージに繋がりやすいのとは裏腹に、このような住民の目線から居住福祉の改善に取り組む「善意の人」がいることに、講演に居合わせたわれわれ一同に感銘を誘ったものである。講演を読み直してみると、その受け答えは実に的確で無駄なく、ホームレス問題以外にも多面的に現代社会の居住福祉問題を扱われていることがわかり、その視野の広さを味わってもらうためにも、できるだけそのまま収録することにした。

　3　次は、諸外国の状況の紹介に関するものである。すなわち、第2章の岡本論文は、2000年から2002年にかけてのイギリス・カーディフ市での在外研究の成果の一部である（それは、2002年の居住福祉学会鳥取大会でも報告された）。岡本教授は、かねて居住福祉問題に関心を寄せているが（『居住福祉の論理』（東大出版会、1993）参照）、60年ほど前の『ベバリッジ報告書』という良き遺産から公共住宅の充実という居住福祉への配慮ある先進国として有名である英国に目をつけて（1977年には、ホームレス生活者法が制定されている）、この在外研究を契機に、ホームレス問題に研究の焦点を当てられるようになっている。本論文では、サッチャー改革以降状況は下降したとはいえ、ブレア政権になり、不況地区カーディフ市に即して、実に丹念にホームレス対策の現況を描かれている。ここでは、断片的な要約しか書けないが、日本とは違ってイギリスではホームレス概念〔それは、居所の喪失の意味である〕の外延の広さから始まり（わが国のホームレス〔野宿者〕に対応するのは、rough sleepersである）、その原因も多様であるとされ、住宅問題に止まらず、雇用構造の変化、家族構造の変化、社会保障の変容（脱施設問題など）、薬物中毒などの個人的問題を分析されている。そして、それへの対応の仕方も多様かつ階層的で、窓口も多いことが強調される（緊急的な第1次入居サービスに始まり、住居および付随支援サービス（第2次サービス）、アセスメントによる3次サービスという具合である）。ホームレス問題に関しては、日本とは対照的に、セイフティネットの手厚さを読者は感得することであろう。さらに、ブレア政策の「第三の道」に示されるように、先進諸国では、トップ

ダウン的な福祉国家論の転換を迫られて、いわゆる「福祉社会」論においては、双方向的に市民の側からの草の根の「下からの変革」にも注目されるが、そのホームレス問題への対応事業として、世界的に有名になっている『ビッグイシュー』刊行によるホームレス自立支援の現状を詳細に叙述するものとしても、岡本論文は貴重である。果して、こうしたイギリスでの実践から見ると、わが国のホームレス自立支援法などはどう映るのであるか（おそらく、一見同じようでも、やはり居住支援策の面での日英の相違を閑却してはなるまい）。

第3章は、アメリカ合衆国でホームレス問題が深刻であるサンフランシスコ市での対応に関する拙稿である。本巻でも、自身による解説は簡単に済ませたいが、本稿のきっかけとなったのは、2005年1月の全米ロースクール教員大会がサンフランシスコのヒルトンホテルで行われ、その一環での特別企画として、同ホテルの直ぐそばに位置する貧困地区テンダロインでのホームレスへの給食サービスないし支援活動への参加というプロボノセクションのプログラムに私自身加わったことにある。ホームレスとの現場主義的交流——わが国ではそうしたことは極めて限られ、わが日本居住福祉学会の2004年7月の釜ヶ崎での取組みがほとんど唯一の例外であろう——が、米国の最も代表的な学会で自然に行われていることが、私にとっては驚きであり、米国ロースクールの低所得者居住支援に関する実践的教育の系譜をなすものとして、印象鮮烈な体験をばねとして執筆した（そして、昨今導入された日本版ロースクールでは、予備校的・マニュアル的な技術主義ばかりが浮き出て、こうした実践的に公共利益問題への関心を涵養する法学教育という肝心なものを学び損ねていることへの反省も込めている）。

ここでは、岡本論文との相違を敢えて探してみると、第1に、岡本教授と同様に私もホームレス問題の原因の多様性は理解しているつもりだが、やはり居住問題への取組みの問題を第1次的に重視しており、その関連で、同市でのレント・コントロール論争、低廉家屋の供給の削減（簡易アパートの改造、観光ホテル化）と増加の試みのせめぎあいなどを扱っている。また第2に、ややメタのホームレス問題ともいえ

る公共的空間の所有レジームに関する議論を紹介して、伝統的な排他的・絶対的私的所有の発想ではその余地がなくなり、それがわが国のこの問題の閉塞状況に繋がっていること（ホームレス自立支援法もその域を出ていないこと）を指摘した。第3に、ホームレス問題の法的・政治的力学分析として、一方で、アメリカの諸都市の独特の変遷史〔20世紀には、元々、中心部のスラム化し、しかしその後、とくに1980年代以降の富裕層の都市部へのカムバック、それによる荒廃地区の「高級化」現象、それによる低所得者の退去・押し出しの問題が生じた〕ないし観光都市ゆえのホームレスへの少なからざる抑圧・排除のベクトルと、他方で、進歩的な州として知られるキャリフォーニアならではの低所得者居住支援活動の方向性との絶えざるせめぎあいとして叙述したし、第4に、後者の支援活動ないし最近の低所得者向け低廉住宅の提供においては、コミュニティ再生団体と呼ばれる非営利団体（さらにはそこでのリーダーシップをもつプロボノ的法律家）の公共的意義の大きさに着目した。――もとより、こうしたことは専門・観点の違いも反映しているのであろうが、両論文は、重なり合い補い合うところも多く、また英米での取り組みの相違があれば、その比較分析は今後の課題となるであろう。

　4　続いて、再度身近なホームレス問題を極めてアクチュアルに分析する椎名論文（講演録）を第4章で掲げることにした。椎名教授と私とは、ここ数年一緒に科研費のプロジェクトでホームレスの居住問題に取り組んだ間柄であり、札幌のホームレス問題の第一人者である（これに先行する作品として、例えば、「北海道の建設産業の『季節労働者』とホームレス」社会政策学会編・日雇労働者・ホームレスと現代日本（御茶の水書房、1999）39頁以下がある）。しかも同教授は、文字通り献身的にこの問題に没頭され、学生を組織して、ボランティアのホームレス支援活動をこの数年続けられ、ホームレスの実態のまでご存知の方であることは多くのデータ・表を駆使されたこの作品に、余すところなく現れているであろう。

　私事にわたるが、つい最近（2006年4月）教授は不慮の事故で倒れ

られ、それとともに北大学生のホームレス支援活動は主柱を失ったような状況になっている。エルムの里公園での青テント排除事件（2001年11月）（平穏に公営住宅への移転という形でなされたが、「公園からのホームレス排除」による、それまでの教会なども交えた支援のセイフティネットの強制的切断ということに他ならない）にも屈せず、学生とともに、地下道・バスターミナル、さらには豊平川河畔へとホームレス支援の「夜回り」を続けておられた熱意を間近にみて感銘を受け、「アメリカならば、こうしたことはまさに法学教師のしていることなのに…。法学者は何をしているのか」と自責の念に駆られ、また、その無私の精神に心より敬意を表していた者として、無念というほかはない（その後、同年秋に逝去された。ご冥福をお祈りする次第である）。全国的なホームレス供給源とも言われる北海道の不況の一齣として、また欧米とは異なるわがホームレスの貴重な生活録として、本章の一読をお薦めしたい。

　5　次に、ホームレス問題と連続的な強制立退きの課題として（ホームレスも、伝統的な空間所有概念では、「不法占拠」と捉えられるから、ダンボールと青テントの除却命令など、絶えず強制立退きの危険に晒されていることは言うまでもないであろう）、第2部は、戦時中の強制連行の問題にも繋がる在日集落の強制立退きの問題として、京都ウトロの立退き請求の事例を扱っている。この種の事例は、わが国ではそれ程一般的に知られてはいないが、全国に60万人は居住しているとされる在日の居住問題の一面として実は至る所に存在していたが（例えば、伊丹中村地区、舞鶴伊佐津地区、高槻成合地区、川崎戸手地区など）、徐々になし崩し的（泣き寝入り的）に消されていく傾向があり、そんな中でウトロ問題は、国際法の領域などでも、最も著名なケースである。しかし、「植民地」の負の遺産を有し、貧富の格差も大きい「第三世界」などでは、この種の住民の「不法占拠」問題をどう解決するかが、喫緊の経済政策・開発政策課題とされており（とくに、ペルーの大々的な所有権限再配分政策が有名である）、理論的・実践的にも世界的に広がりのある大きな課題なのである。

日本居住福祉学会としても、2001年夏と2004年の秋の2度に亘り、現地研修会を行ってきたが、5章はその活動記録でもある。すなわち、前半は、「ウトロを守る会」の主要メンバーで、宇治市の職員でもある斎藤正樹さんの要を得た解説を収め、2004年の日中韓居住問題会議（これも、日本居住福祉学会の毎年秋の恒例の行事である）で、（遅ればせながら）一躍韓国でも新聞各紙のトップ記事となり、日韓の国際問題化したことを受けて、韓国の住居環境学会会長の文永基教授らを交えての集会の記録を後半に続けている。こうした会合の中心となって尽力されたのは、「ウトロを守る会」であり、同会の過去20年以上にもわたる地道なボランティアの支援活動がウトロ住民コミュニティを崩壊させなかった大きな理由であると言うこともでき、わが国では例外的なこうした取組みの貴重さに思いを致さざるを得ない。

　6　そして、第6章に納めたのは、国際法からみた強制立退き問題の分析をされている（ウトロ支援活動とも密接に関わる）熊野勝之弁護士の論説である。顧みると、最初の居住福祉学会が開催された当時既に、全てのウトロ訴訟は最高裁判所の段階で住民敗訴の判決が下されて、敗訴に確定していた。当時私にとって不思議だったのは、ウトロ事例が1件も公表判例として法律雑誌・公式判例集に掲載されておらず、学会でも何も議論がなされていないことであった（ハーバード・ロースクールで在外研修当時、このことを恩師のD・ケネディ教授に申し上げたら、「いわゆる『隠された事例』(hidden case)だな」と言下に答えられたことを鮮やかに記憶する）。居住者にとってはかくも深刻な民法事例にもかかわらず（しかも国際人権規約の委員会から警告まで受けている）、私は「民法学者の世間知らずぶり」に自責の念に駆られる思いで、斎藤さんから訴訟記録の全てを借り出して勉強し始めたのを昨日のことのように思い出す。諸外国でこうした居住差別問題を語ると、すぐさま敏感な反応を学会やロースクールの討論などいたるところで感ずるが（2003年6月に私はピッツバーグのアメリカ法社会学会年次総会で、神戸の震災問題などとともに、この問題を報告している）、わが国の学界では論文で論じてみても、ほとんど何もリアクションはない。

「いったいこの日米の隔絶振りは、どこから来るのだろうか」と考え込まされる。

そんな中で熊野弁護士は、最後の砦として国際人権規約に依拠して孤軍奮闘される社会正義派弁護士である（学生時代に川島武宜博士のゼミ生だったとお聞きしているが、博士の市民法学への熱き思いを、「熊野さん」は、見事に体現されているのではなかろうか〔熊野弁護士は先生ではなく、「さん」付けで呼んでくれといわれる。そんなところにも権威主義を嫌うお人柄が出ているように思う〕）。ただ、国内法研究者の私としては、「まずは何とか国際人権規約に沿うように、民法解釈論を批判的に塗り替えていかなければ…」と、忸怩たる思いになるし、ウトロ訴訟でも国際法の話になるとほとんどの裁判官がとたんに冷淡になり判決の頁数も激減するのを見ても、複雑な思いになる。しかし、熊野論文を読まれた読者は、改めて、現在の日本の居住福祉法学の状況が、「伝家の宝刀」に頼らざるを得ないほど、国際法的にも比較法的にも極めて見劣りがする状況であることを、謙虚に再考してみることをお願いしたい。

7　本書は、居住福祉学（居住福祉法学）の各論の最初の巻だが、あたかも「ケーススタディ」集のようになっているとの感想をもたれる方もいるかもしれない。しかし、これもこの新たな学問の意識的方法論である現場主義を如実に反映しているのではないか、と考えて敢えてそのままにした。聡明な読者のことであろうから、この本巻のテーマが、改めて社会生活・居住生活に深刻な問題をもたらしており（第2部の強制立退きの問題は、論説として充分に取り上げていないが、いわば都市再開発の裏側の問題であるから、「何時でもどこでもある」身近な課題であろう）、それゆえに、居住福祉学の核心的な解決課題であり、それにもかかわらず、従来不思議にもこの喫緊課題に充分な学問的なメスが入れられていないことを再認識してくだされば、本書の目的の多くは達成されたものと考えている。われわれも本書をいわば出発点のように捉えているので、読者諸氏の忌憚のないご批判・ご教示をお願いする次第である。

ホームレス・強制立退きと居住福祉

第1章 環境福祉・ソーシャル・インクルージョンとホームレス問題

環境事務次官 炭谷 茂

○ 私の体験から

　この学会は、いろいろな分野の方がそれぞれの実践を通じてお考えになっていて大変有意義ではないかと思います。そういう面から考えると、どうも私の考えていることとそんなに遠くはないのかなということで、ひと安心しています。どれだけ皆さま方のご興味やご関心と合致するのかは自信もありませんが、お話をさせていただき、また皆さま方からいろいろなご意見をいただければ大変ありがたいと思います。

　きょうのお話は理論的なものではありません。私は公務員として35年間勤めてきたわけですが、その体験から学んだことをまずお話ししたいと思います。

　私には、公務員生活35年を通じて、方針としてきたことが2つあります。第1は、単なる仕事として右から左に流すのではなくて、その仕事の背景にある学問、またその歴史的な変化や国際的な動向をしっかり勉強して、その上で自分に与えられた仕事をしていこうと思ってきました。

　第2は、幸い私は厚生省で福祉行政を主にやってきました。福祉行政は、例えば重度の障害者の方、ハンセン病患者の方、エイズ患者の方、障害者の方などいろいろな方々にかかわる仕事です。公務員の仕事は、残念ながら長くて3年、短いと半年や1年で変わる場合があります。公務員は、その職場にいるときは割合に調子のいいことを相手に言います。「皆さま方のために力を注ぎます」と言っておきながら、ポストが変わった瞬間に、前の仕事とは関係ないと知らん顔をするの

居住福祉研究叢書第2巻　　　　　　　　　　　　　　　　　　　　［炭谷　茂］

は、人間として許されるのかという疑問をずっと持っていました。そういうことで、約20年前から、自分がいったん引き受けた仕事については、そのポストを離れたとしても、死ぬまでかかわりを持っていこうと考えたわけです。

　幸いこれまで、いろいろな福祉問題をやらせていただきました。先ほど言った仕事のほかに、精神障害者の問題、被爆者の問題、在日外国人の問題などたくさんあります。それらの問題を自分の生涯の仕事としてやっていこうと思っています。しかし1人でやろうとすると、時間も労力も要し、根気が続かないということになりがちです。したがってそういうことをやる場合には必ず、いろいろな関心を持つ仲間を、できれば20人ぐらいで会をつくって、一緒に勉強し一緒に仕事していくというのが私のやり方です。

　きょうは、私の体験の中から日本居住福祉学会でご関心があろうかと思われるものを2つ、お話ししたいと思います。

1．社会からの排除、孤立する問題への関心

(1) 孤独死

　厚生省時代の最後は、社会・援護局長というポストでした。幸い3年半という長い期間、沢山の方々の支援の下で勤めさせていただくことができました。社会・援護局長を3年半も務めるというようなことはここ20～30年にないことでした。この期間に、いろいろと心を痛める問題がありました。

　そのひとつが孤独死という問題でした。ご記憶の方がいらっしゃるかと思いますが、平成12年2月に栃木県宇都宮市で、母子家庭の2歳の女の子が餓死するという事件がありました。この恵まれた世の中で生活保護をなぜ受けられなかったのか、そのことが不思議でなりませんでした。よく調べてみると、こういう事情がありました。

　20代の若い女性で、決して知的障害者のような方ではなくて、短大を出た女性でした。2歳の女の子がいましたが、働くことがいろいろな事情でできない女性でした。そのうちに東京電力が電気を止め、

第1章　環境福祉・ソーシャル・インクルージョンとホームレス問題

ガス会社がガスを止め始めます。そのときになぜ東京電力の職員が福祉事務所なりに一言連絡をくれなかったのかと思いました。

調べてみると、民生委員もその事情は把握できなかったと言っています。宇都宮市は比較的大きい都市ですが、まだ昔の雰囲気が残っている町です。そのような町でありながら、誰ひとり気付く人もなく、小さい2歳の女の子が食事を与えられずに死んでしまったのです。水道も止めようとしました。なぜ同じ市にありながら、水道局は福祉事務所に一言連絡しなかったのか。全く何のアクションも起こさなかったのか。こういう事件でした。

また、その同じ年に西東京市で老夫婦が集合住宅に入っていました。都営住宅だったと思います。だんなさんが寝たきりで、奥さんが認知症でした。だんなさんは寝たきりのうちに死んでしまいました。奥さんは、だんなさんが死んだということが分からないので、毎日毎日寝床のところに食事を運ぶことが続いたということです。そういう状況が発見されるまでに2～3週間かかったということです。西東京市は大都市のど真ん中にあります。そんなところにありながら、このようなことが起こりました。これも平成12年のことです。

大都会の公団住宅、民間アパートなどでの孤独死は今、東京だけでもかなりの数に上ります。「1人で亡くなって、死体発見まで1週間」と、昔は新聞の社会面によく載りましたが、今は新聞に載ることもなく、ニュースではなくなったわけです。東京のデータだけでも1,000件程度このような話があるので、もう新聞のニュースにも載らなくなったわけです。

(2) 児童虐待

児童虐待についても同様です。私が児童虐待に関心を持ったのは昭和58年ころだったと思います。英国のハードフォードという地を訪れたときに、女性の児童福祉のソーシャルワーカーが、「日本にはチャイルド・アビュース (child abuse) はあるか」と聞きました。当時は全く勉強不足で、「日本では過保護は問題になっているが、チャイルド・アビュースは問題になっていない」と答えました。

ソーシャルワーカーは妙な顔をして、「炭谷さん、それはあなたが見えないだけ。必ず陰に隠れてあるに決まっている」と言いました。その言葉が痛いほど胸に刺さりました。英国の勤務を終わって日本に戻って、そういう目で見てみると、確かに児童虐待は潜んでいるぞ、と感じました。

　ちょうどそのころ、児童虐待に関心を持っていた御茶の水女子大学の博士課程に斎藤（旧姓）さんという女性がいました。彼女と一緒に児童虐待についての警告を出す論文を鉄道弘済会の「社会福祉研究」に載せたのが平成5年のことです。

　その後どんどん児童虐待は表面化していきます。よく見ると、イギリスと日本との児童虐待には大きな差異があることに気付かざるを得ませんでした。イギリスの児童虐待は70％が父親、男が虐待をします。そして低所得者が多い。逆に日本の児童虐待は、未熟な割合若い母親で女性が70％です。著しい対照を示しています。そういうことから、日本の児童虐待は誰からも支援を受けられない孤立によって生じているのではないかという疑問をずっと持っていました。

　そういう見地から、「子どもの虐待」というシンポジウムを開催しました。このシンポジウムでは、先ほど言った私の仕事の進め方のひとつですが、「人権文化を育てる会」というグループをつくっています。私はライフワークとして人権問題を考えているので、初めは、大変親しくご指導していただいていた磯村英一先生とこのような会をつくろうということで動きましたが、磯村先生が亡くなられ、その後弁護士だった中坊公平さんとか、文部大臣だった赤松良子さんとか、明治大学の元総長で国際人権法の権威者である宮崎繁樹さん、そういう先生方と一緒に人権文化を育てる会をつくって今日まで活動しています。そのやり方は冒頭に申したように、私1人ではできないので、いろいろな人とグループを組んでやっている活動のひとつです。その中で、「子どもの虐待」というものをやっていました。大変広がりのある会議だったのではないかと思っています。

第1章 環境福祉・ソーシャル・インクルージョンとホームレス問題

(3) ホームレス

　ホームレスの問題も私の関心事です。ホームレスの問題については、厚生省の社会・援護局長のときに大きな問題となってきました。

　現在のホームレス問題は昔のホームレス問題とは大きく様相を異にしています。ホームレスの状況は、現在の経済や社会の大きな構造変化の中で生まれてきたものだと私はみています。よく「景気が良くなれば、ホームレスが減りますよ」などという発言をする人がいますが、私は懐疑的です。何も政策を打たなければ、現在の3万人近くもいるホームレスの問題は解消しないと思います。

　ホームレスの平均年齢は現在、56〜57歳だと思います。彼らがなぜホームレスになっているのかといえば、特に彼らの仕事だった建設業が機械化され、それによって高齢の人の仕事がなくなってきているという状況があると思います。また、彼らが主な仕事とした、例えば新聞販売店のような住み込みの仕事もだんだん少なくなってきている状況もあります。このような経済・社会構造の変化がホームレスを増大させているのではないかと思います。何らかの新たな手を打たなければ、ホームレス問題は解決しないと思います。

　ここ数年、私はたくさんのホームレスの方と接していますが、決して彼らは働く意思がないわけではありません。6〜7割の人は働く意思をはっきりと示しています。働く場がないということが問題なのです。サラ金と暴力団から逃れるためにホームレスになっているというケースも1割程度はあると思いますが、6〜7割の人は、働く意思はあるが仕事がない、怠け者では決してないということです。それなのに彼らはだんだん地域から邪魔者扱いされつつあるのです。

　孤独死、児童虐待、ホームレス等の問題は、社会から孤立したり排除されたりしていることが問題ではないかと思います。単に貧しいから、単に障害があるからという従来の社会福祉の物差しではとらえきれない問題になってきていて、新しい物差しが必要だとずっと思ってきました。

2．ソーシャル・インクルージョン理念との出会い

(1) 欧州の状況

　そのようなときに出合ったのが、ソーシャル・インクルージョンという概念です。平成12年1月に英国政府から招待を受けました。英国の国会議員、保健大臣、ロンドン市幹部など英国の有力者にお会いしました。

　彼らは口々に、これから重要なのはソーシャル・インクルージョンだと言いました。よく理解できませんでした。それを勉強していくと、これまで私の頭の中にずっとあった孤独死の問題、児童虐待の問題、ホームレスの問題、自殺の増大の問題を解決する手段は、ソーシャル・インクルージョンという理念が最もぴったりするのではないかと思いました。イギリス、フランスなどヨーロッパはみんな同じような問題に悩み、それを解決する手段として、ソーシャル・インクルージョンという理念に従い、それに基づいて仕事をしているのだと気が付き始めたのが、平成12年くらいの時でした。

　しかし、実際どのようにこれを進めたらいいのかと、具体的な仕事の進め方がわかりませんでした。そのとき出合ったのが、CAN（Community Action Network：コミュニティ・アクション・ネットワーク）という組織です。出版物で結構紹介されるようになったので、きょうは時間がないので詳しくはそれをご覧いただきたいと思います。CANでは英国の第2のスラム街であるブロムレー・バイ・ボウ（Bromley by Bow。ロンドンのイーストエンドの地名）という地域の再生を見事に成功させました。

　具体的にどのようにやっているのかに関心を持ったので、CANの創設者である牧師のアンドリュー・モーソン（Andrew Mawson）という男性とCANの主要な人を日本に呼んで、話し合いを企画しました。企画をするのはいいのですが、カネがありません。こういう仕事はすべて役所の仕事ではありません。今まで話したほとんどは私が個人的にやっている仕事です。

第1章　環境福祉・ソーシャル・インクルージョンとホームレス問題

　アンドリュー・モーソンは、日本でいえば早川先生のような大変な大物なので、ちょっとやそっとでは呼べません。飛行機もいちばん高い席でなければいけません。ざっと計算してみたら、500万円ぐらいかかるのです。同時通訳も要ります。弱ったなと思っていたところ、やはり英国は懐が深く、渡航費用はすべて英国政府が負担すると言ってくれました。

　CANはスラム街の再生です。一言で言えば、公に依存することなく自分たちでまちづくりをやっていくということです。キーの概念はソーシャル・アントレプレナー（社会起業家）です。

3．日本での試み

(1) 日本型CANの模索

　こういういいことは日本でも試してみたほうがいいのではないかということで始めたのが、大阪の西成での試みです。平成14年5月から吉村靫生先生と一緒になって、この町をどのように立ち直らせればいいか、日本型CANをどのようにつくればいいのかの話し合いを進めました。初めは10人ぐらいのメンバーでしたが、そのうちだんだん膨らんで、今は70人程度のメンバーで話し合っています。例えば地元の商店街の方々、簡易宿泊所の経営者の方々、ホームレスを支援している方々、社会福祉の関係者、大企業の大阪ガスなどに勤めているサラリーマンの方々などいろいろな方が参加してくれています。

　今は、議論の段階から実行の段階に移りつつあります。社会から排除され問題のある地域は、大阪の西成だけではなく、東京の山谷地区など、全国にたくさんあります。ざっと1,000や2,000ぐらい、このようなことが必要なところがあるのではないかと私は思っています。

(2) 日本ソーシャル・インクルージョン研究会

　そのような見地からつくったのが、日本ソーシャル・インクルージョン研究会です。この発表会を3月30日に行いました。小さい会場でしたが、150人を超える、廊下まではみ出すぐらいの人に集まっていただきました。

これに基づいて第1回の研究会議を行うことにしています。今度のテーマは抽象論ではなくて、ホームレスの問題と精神障害者の問題と、それから社会福祉が忘れてきて社会から排除されやすい刑余者、刑余者というのはあまり最近使わない言葉ですが、刑を終えて出てきた人のことです。そういう問題に今、手が行き届いていないということで、第1回ではその3分野をとり上げて、あした（2004.5.31）行うことになっています。以上が、ソーシャル・インクルージョンに関連した私の現在の考え方と最近の仕事の状況です。

○ 環境と福祉の関係

残りの時間は、第2の「環境と福祉との関係」について、お話しします。

1．歴史の中から

(1) 足尾銅山鉱毒事件

厚生省に入ってのスタートは公害問題を担当する部局でした。公害問題と福祉問題とは関係が深いという意識で仕事をしていました。足尾銅山の問題を提起した田中正造は言っています。なぜ足尾鉱害は起きたか。それはこの地域が貧困だからだ。こういうことをずばり言っています。昔から環境問題と福祉問題とは密接な関連があったと思います。

(2) 戦前の貧困問題

戦前の貧困問題においても、先ほどここへ来る途中、きょう来ておられる本間先生から、戦前は住宅問題が内務省の大きな仕事だったとお聞きしました。その通りだと思います。貧困問題の中で、地域の問題と劣悪な住宅が大きな問題だと戦前はとらえられていました。まさに環境と福祉というのは戦前からあった問題ではないかと思います。

(3) 昭和30年、40年代の社協の取り組みと地球環境問題

そして昭和30年代、40年代、高度成長の中で公害問題が激しくなりました。その中で真っ先に声を上げたのは、実は福祉関係者たちで

す。市町村社会福祉協議会の中に保健衛生委員会が設けられたのが昭和30年代のことでした。その後、地球環境問題が大きな問題になってきたのは、1990年ごろからだと思います。地球温暖化、オゾン層破壊の問題、砂漠化の問題、大気汚染の問題、その他たくさんあります。そういうことになったときに、環境と福祉とは関係ないという形でだんだん分かれていきました。旧環境庁ができたのが昭和46年7月です。役所の分離も、環境と福祉の分離に拍車をかける展開になりました。現在の日本の状況は、環境と福祉はほとんど関係がないような取り扱いになっているのではないかと思います。しかしよく考えてみると、環境と福祉は今日、関係が非常に深いということがわかってきました。大きくいって環境と福祉の関係には2つの側面があるのではないかと思います。

2．環境と福祉の今日的関係

(1) 環境と福祉の相互関係（作用としての「環境福祉」）

第1の側面は、作用としての「環境福祉」です。つまり、環境が福祉に影響を与える、福祉が環境に影響を与えるという関係です。

イ 環境の福祉問題への影響と効果

(a) 自然と触れ合い不足の児童への影響

典型的な例としては、現在、小さい子どもたちの自然と触れ合う機会がだんだんなくなってきていますが、それが子どもたちの心身に大きな影響を与えていないかということです。文部省の調査によれば、自然との触れ合いの多い子は責任感や人への温かさが強く、自然との触れ合いの少ない子は責任感や他人への思いやりが乏しくなっているという、見事な実証研究がなされています。きれいな相関関係を示しています。それは、大規模な日本全体の小・中学生を対象にした調査結果で、かなり信頼性が高いと思っています。

去年7月〈2003.07.01〉、皆さま方も覚えていらっしゃると思いますが、長崎市で12歳の中学生が駐車場の上から子どもを投げ捨てるという事件がありました。ああいう事件に接したとき、これほどまでに

子どもの心がゆがんでしまっているのかと感じます。本来、これは文部科学省や厚生労働省の仕事かもしれませんが、環境行政として何かできることがあるのではないか。先ほどのようなデータが頭にあり、環境教育や自然との触れ合いを増やすことによって問題の解決にならないものかと思いました。

　(b)　環境教育による登校拒否、閉じこもり青少年への援助

このようなことに共鳴してくれる人がいました。東京都福生市にあるNPO青少年自立支援センターの工藤さんです。閉じこもりや登校拒否の問題を扱って20年以上になる方ですが、「炭谷さん、その通りだ。じゃ、自分のところでそのことを試してみる」と言ってくれました。去年10月から3ヵ年計画で自然との触れ合い、例えば多摩川の源流をたどるとか、竹の炭をつくるとか、鷹匠と接するとかをして、閉じこもりの子や登校拒否の児童を社会復帰させる試みをしています〈環境保全再生機構に委託され、2003年度からナチュラルウインドパートナーシッププログラム実施〉。半年しか経っていませんが、かなりの成果を挙げています。これは、環境から福祉への影響だと思います。

　ロ　福祉の環境問題への影響と効果

一方、福祉から環境への影響もかなりあります。具体的には、例えば英国で盛んに行われ成功したコミュニティ・ガーデン運動です。障害者や高齢者が家に閉じこもるのではなくて、庭に出て、あるいは公園などを一緒になって整備して、そこで触れ合うという運動です。グラウンドワーク・トラストもそれではないかと思います。失業者や青少年を集めて、地域のぼた山の再生や河川の美化運動をするという形の運動をやっているわけです。

　ハ　環境と福祉の双方の関係

環境と福祉とは一方交通ではなくて、双方交通という問題もあるのではないかと思います。一昨年、南アフリカのヨハネスブルクで環境・開発サミットが行われました。そこでの最大の話題は貧困と環境破壊の悪循環という問題でした。貧困があるからマングローブが破壊され、森林が破壊される。生産農地をつくろうとする行為だと思いま

す。それがまた反対に農地を駄目にし、貧困をまた生み出していくという悪循環。これが最大のテーマでした。不思議なことに、日本からは世界でいちばんたくさんの方がヨハネスブルク・サミットに参加しました。しかし、日本からの参加者はこの問題について十分理解できませんでした。ある新聞は、これに参加したNGOの1人は、途上国が援助を得るために言っているだけだと感想を述べたということです。しかし、環境と貧困の悪循環が途上国で起こっていることは世界に異論のないことだと思います。

(2) 環境と福祉の融合（領域としての「環境福祉」）

第2の側面は、作用に対して領域としての「環境福祉」です。環境と福祉はかつて対立する概念でした。しかし、その両者が融合することによって新しい行政、新しい政治、新しい産業が興るのではないかと思っています。

二　環境福祉産業

典型的な例を挙げます。女性の方々はご存じの方が多いと思いますが、ザ・ボディショップという会社があります。化粧品を出しています。この社長の蟹瀬さんが言うには、「われわれの化粧品には、決して人工的なものは使わない。途上国などでつくられる天然のものをうまく活用する。そして、決して生態系をいじるようなことはしないというのが大前提だ。それとともに、そこで住む人の生活の安定も考えている。いわば、途上国の環境を守り、福祉を向上させることが、ザ・ボディショップの真髄だ。もしそれが否定されれば、私どもの会社は存在しえない」と。これは英国で興った会社ですが、今や世界で相当なシェアを占めるに至っています。環境福祉の成功事例のひとつだろうと思います。

私は富山県高岡の生まれです。その高岡に本当に小さい町工場のタケムラ自動車という会社があります。これは高齢者や障害者が利用しやすいような小さい、そして排気ガスを低めに抑えた車をつくっています。高齢者や障害者が簡単に乗り降りでき、また環境にやさしい自動車をつくっている本当の町工場、2～3人でやっている自動車会社

です。そういうものも環境福祉産業のひとつではないかと思います。
　ホ　企業の社会的責任（CSR）
　ヨーロッパで最近起こっているCSR（企業の社会的責任）も、環境と福祉の表れではないかと思います。つまり、環境、経済、社会の3つを一体的に向上させていくことが企業の社会的責任である、というのがヨーロッパの統一した考え方です。日本では、環境と経済の関係の理解が進みましたが、社会はまだまだ進みません。これをいかに取り入れていくかが、これからの企業にとって重要です。例えば元ハンセン病患者の宿泊を拒否した熊本県のアイスターの問題、鳥インフルエンザの問題を起こした浅田農産の問題、今の三菱自動車の問題、その他枚挙にいとまがありませんが、これらはCSRの観点から考えるいい教材になっているのではないかと思います。

3．環境福祉概念の有用性

(1)　環境、福祉の両分野の的確な把握

　環境福祉の概念には、このような「作用としての環境福祉」と「領域としての環境福祉」の2つがありますが、環境福祉という概念を使うことによって、環境の問題、さらには福祉の問題を立体的にとらえることができるのではないかと思います。

(2)　政治、行政、産業、社会の新しい分野の創造

　政治、行政、産業、社会、それぞれの分野に新しい分野を創造させることができると思います。ひいては、それぞれのものが人間の幸せの向上になるのではないかと思います。
　世界のいろいろな国を見てみると、福祉に熱心な国は環境政策にも熱心です。代表的な国ではスウェーデンが挙げられると思います。福祉に熱心でない国は環境にも熱心ではありません。差し障りがあるので、具体例は挙げないことにします。

4．環境福祉学の展望

　環境福祉学というものが構築できるのではないかと思います。環境

第1章 環境福祉・ソーシャル・インクルージョンとホームレス問題

福祉学会設立準備会を5月26日に行いました。初めは、わけのわからない学会に何人参加してくれるのか、大変不安でした。その準備会の前日に毎日新聞が2面トップに顔写真入りで載せてくれ、120人は集まると大見えを切った手前、20～30人だとどうしようかと思って、念には念を入れて、私の妻は全く関心を持っていなかったのですが、妻や妻の友達も動員して水膨れさせて、結局160人に参加していただきました。

きょうお招きをいただいた日本居住福祉学会と大変関連の深い活動をすることになると思います。どうか先生方のご指導を賜ればありがたいと思います。ちょうど時間になりましたので、これでやめさせていただきます。どうもご清聴ありがとうございました。

質 疑 応 答

吉田(北海道大学) 北海道大学の吉田です。貴重なご講演、どうもありがとうございました。

私はこの数年、所有という概念は再検討が必要だということで、早川先生の問題提起に共鳴して日本居住福祉学会に属して、私の問題関心と接合させようと努めています。しかし、所有論というのは、環境問題とも密接でありまして、私は環境権についても再考を促す論文を書いています。わが国での環境法学は未だ理念的な検討が弱いのです。ですから、所有の平面で、アメリカでのグリーン・プロパティ〔緑の所有権〕に関する議論のように、生態系を十分踏まえて、従来式の個人主義的な所有概念の再検討が必要だということも書いたのです(拙稿「環境権と所有理論の新展開」民法解釈と揺れ動く所有論(有斐閣、2000)第8章参照。本論文は淡路剛久他編「リーディングス環境」第2巻 権利と価値(有斐閣、2006)にも再録)。そして居住の方面でも、例えばホームレスの問題に直面しますとわかるように、スペースを私的空間に切り分けて、他者は「排除」するという仕儀の今までの私的所有権概念というものは変えていかなければいけないというような私の

問題意識は、環境問題への新たな所有スキームづくりとも共通するところがあるのです。

　民法というのはいろいろなところにかかわる学問領域で、魅力的なのですが、その分、社会のさまざまな要請にも応えていかなければならないとも考えています。そして私は最近、コミュニティ再生の取り組みについても研究しておりまして（拙稿「アメリカの居住事情と法介入のあり方（1）〜（3・完）」民商法雑誌129巻1〜3号（2003）参照）、それはきょう炭谷さんがお話になったソーシャル・インクルージョンの問題とも関係しています。私は昨年〔2003年〕までアメリカにおりましたが、ボストンの貧困地区とか、あるいはサンフランシスコの南の郊外のパロアルトという高級住宅地と101号線で区切られた東パロアルトという貧困地区に行ったりして、そこでの貧困地区がいかに塗り替えられていくかという関心から現場を見てきたわけです。環境問題は21世紀の大きな課題ですが、貧困コミュニティの再生でまず求められるのは、居住・住居のインフラ整備です。その意味で「環境福祉」よりも「居住福祉」の方が優先順位が高いような感じがします。そしてその際には雇用問題とか、教育問題とか、あるいは交通手段の問題とか、医療・福祉の問題、さまざまな、いわば「居住福祉の構成要件」が密接に関わり合っているわけです。

　そこで第1にお聞きしたいのは、炭谷さんが「環境福祉」の再生を進めていかれる手順の見通しでして、例えば釜ヶ崎の問題状況を塗り替えていくために具体的な今後の方針として、どういう段取りを持っておられるのかというお話がなかったと思いますので、その点をお聞かせ願いたいのです。

　第2点は、企業の環境責任の問題です。今回の大会は名古屋で開催されておりますけれども、名古屋は最近では、大阪よりも羽振りがいいと言われています。その牽引車は、固有名詞を出して何ですが、トヨタです。トヨタが非常に経済的にいいわけですけれども、その負の面として、近い将来、隣国への大量の自動車販売によって、地球温暖化や大気汚染などのグローバルな環境問題に繋がることが考えられま

す。地球の4分の1の人口が中国にはいますから、そこの皆さんが自動車を乗り回すようなことになると、大変なことになるでしょう。ところが、そうした環境問題というのは、国際問題にかかわっていきますし、そのコントロールは難しいわけです。経済学的には排出権取引とか論議されておりますが、なおコントロールの仕方としては弱いわけです。この点で炭谷事務次官は、企業の社会的責任ということを説かれるのでしたら、具体的にどういうようなことをお考えなのかということをお聞かせいただければと思うのです。

① 釜ヶ崎再生の方向

炭谷 ご質問どうもありがとうございます。先ほど時間がありませんでしたので、これから大阪市の西成についてどういうふうにやっていこうとしているのか、という青写真をお話しする機会がありませんでした。

実は、今年1月に大体、皆様方と話し合った結果、こういうふうなことをしていったらどうだろうかということでまとめました。その基本は、まず理念的には、そこに住む方々の参加ということが大変重要だろうということです。もうひとつは、ここに大阪にお詳しい人がいらっしゃいますけれども、意外に西成というのは、ある意味では、人との結びつきが大変強いのです。地域社会がまだ残っているのです。私は大阪の出身でもなく何の縁故もありませんけれども、私のような者が呼びかけても、大体ざっと70人が集まってくれるというのが、何か変わったやつがいるから助けてやろうかということで集まってくれるのかと思うんですけれども、意外に昔的な、コミュニティと言ってもいいかと思うけれども、コミュニティが残っているのではないかと思っています。そのようなものをいかにうまく活用していくかということ、いわば地域に合ったまちづくりをしていきたいというのが私どもの共通した考えです。

それでは、具体的にどんな仕事をしていくのかということですけれども、いちばん重要なのは居住の確保です。住まいをいかに確保していくかということが第1の事業の内容にしています。これはなかなか

難しいです。どういうふうにして住まいを確保していくか。実は、先ほど言いましたCANというのも、ブロムレー・バイ・ボウで5,000戸の住宅をつくっています。そしてスラム街をきれいにしたのです。これはイギリスだったわけです。なぜできるかといえば、イギリスでは家賃の補助制度をうまく使うのです。ですから、CANは借金でポンと建てたわけです。そして、そこに貧困者が入居し、生活保護と家賃補助制度をうまく活用して、借金を返していけるからです。それを目指しています。しかし、西成でどのようにしてつくったらいいか、これはこれからの課題です。

　2番目には、当然のことで、仕事づくりです。仕事として、実は早川先生にも出ていただきましたけれども、私がいちばん可能性があると思うのは第一次産業です。つまりホームレスの方々はいまさらITなどできる人は少ないです。ですから、例えば、農業とか林業とか、そういうものに可能性があるのではないかと思います。幸い、私はこういうふうに中央官庁のトップの位置についていますと、大変ありがたいことがあります。大体、各省庁のトップとは友達ですから、「こんなことがやりたいのだけれども、何かほかの部署で助けてくれないか」と農水省の幹部に言ったら、「それは非常にいいことだ。ぜひ協力したい」ということで、担当課長を私のところに派遣してくれました。

　それと環境福祉といいますか、例えばリサイクルとか、そういう問題も、今、いけるのではないか、そういう仕事も考えていきたいと思っています。

　ただ、難しいのは、それらを担う事業主体の設立です。先立つものはどこの世界でもカネです。これがなかなか用意できないのが悩みですけれども、事業主体は、今、頭の中に置いているのは、NPOもしくは企業組合という形を考えています。私がやっているのは、個別の、対人的なソーシャルサービスではありません。私が西成でやっているのは、一人ひとりの生活を支援するとか、そういう仕事ではありません。そんなに頻繁に行けるわけではありませんので。その地域の全体

のまちをできれば活性化させる。仕事をし、仕事を見つけ、住まいを用意し、そのまち全体を活性化させる。これは、いわば、CAN がロンドンの2番目のスラム街を改善したということであるならば、日本の2番目のスラム街はあいりん地区だと思います。そういうアンドリュー・モーソンみたいに思っているわけではありませんけれども、彼に対抗して、日本型 CAN というものを成功させてみたいというのが私の夢です。

② 企業の社会的責任

2番目に、企業の社会的責任ですけれども、私自身、先月末、トヨタの本社を訪れました。トヨタというのは非常に環境問題に対して熱心に取り組んでいる企業ではないかと思います。トヨタが今日、繁栄しているのは、マスキー法という大変厳しい排出ガス規制を世界で真っ先にクリアしたことが世界で認められて、世界的なエクセレントな企業になったのではないかと思います。ですから、大変、環境というものに対して熱心に取り組んでいかないと、企業というものはもう滅びてしまうということを、本音としても、建前としても、思っているのではないかというのが私の持っている印象です。ですから、トヨタが世界に先駆けて燃料電池車などをつくっています。

企業の社会的責任の中でいちばん重要なことはこういうことだと思います。なぜ企業が環境や社会問題に対してやらなければいけないかといえば、もともと現在の90％、トップの企業は、そういうことをしないと法律違反になる、社会から指弾を受けるというか、批判を受けるという結果でやっているのだと思います。これを私は第1段階の企業の社会的責任だと思います。そして第2段階としては、環境や社会のために尽くせば、むしろ商売はうまくいくのだと、環境にうまくやれば企業の収益が上がるというのが第2段階、そうすることによって企業の評判も上がり、よい人材が集まるというのが、実は第2段階だと思います。実は、この段階に日本の企業の5〜10％ぐらいはそういう段階にきているのではないかと思います。

しかし、私は本来の第3段階に進むべきではないかと思います。企

業というのは、もはや社会的存在として大きな役割を占めていますから、社会問題や環境に取り組むのは社会的存在として、ある意味では当たり前のことだということで取り組むべきことで、第3段階に早くいくべきではないかと思います。これは、むしろCSRの根本の原理ではないかと私は思っています。なかなかこのようなことを考えている企業はたくさんはないと思いますけれども、そういうふうになってくれればいいなと私は見ています。

　ご質問に的確な答えになったかどうか、答えることができていないかもしれませんけれども、このぐらいにします。

③　日英で違うホームレス問題

　岡本（中京大学）　中京大学の岡本です。先ほどのお話と少し関連するかと思うんですけれども、私は少し前にイギリスにおりまして、ホームレスのことを少し勉強させていただきました。そのときに日本とイギリスの違いを感じました。先ほど事務次官もお話をされましたけれども、イギリスでは政府の力といいますか、資金力がとにかく大きい。先ほどの解決策としての家賃補助とか生活保護ですが、それだけの資金を政府が投入して解決していきます。日本の場合は、イギリスとかなり違うと思います。

　ホームレスの問題では、ベギングという物ごいの問題が日本と欧米では全然違います。なぜイギリスではベギング、物ごいがたくさんあって、日本ではないのか。かつて日本でも物ごいはあったけれども、今はほとんど物ごいをする野宿者、ホームレスはいない。それに関して福祉政策が違うのではないかという議論をアメリカ人にしたら、「いや、アメリカは福祉政策をやっていないけれども、ベギングはある」と言っていました。単に施策の違いでは説明になりません。では、どういうふうに説明したらいいのかと考えますと、日本の均質的な、かつてはそうではなかったのですけれども、現在かなり均質的な社会が、違いを生んでいるのではないかと思うのです。イギリスは政府もお金を持っていますし、階級社会でお金を持っている人はものすごく持っています。そういう人たちが社会に貢献をしないといけないとい

第1章 環境福祉・ソーシャル・インクルージョンとホームレス問題

う考え方があるわけです。アメリカも格差が非常に大きくて、そういう人たちは困っている人々を助けないといけないという考え方を持っていると思います。

　翻って、日本の場合は非常に均質的な社会で、野宿をしている人たちはその均質的な社会からはずれているということで社会から排除され、しかも差別的な扱いを受けています。多くの人が労働を拒否しているのではないにもかかわらず、怠けていると受けとられる場合が多いわけです。そういう状況を打破するためには、それぞれの社会が持っている状況を踏まえて何か策を考えないといけないと思います。政府でお仕事をされている次官として、他の国の政府との違い、そして日本という社会が持っている他の国との違いを踏まえて、どういうふうなとらえ方をして、どういうふうなアクションを起こしていけば有効であろうと考えておられるのか、お聞かせいただけるとありがたいと思います。

　司会（早川）　だいぶ長い質問でしたけれども。関連して、イギリスでは1977年にホームレス・アクトというのを設けました。これは単身者を除くのですが、それ以外の高齢者や母子家庭や、障害者、離婚した母子には最優先で公共住宅を提供しなければいけないということを定め、非常に大きな力を発揮したと聞いています。そういうことに関してもご見解があれば、よろしくお願いします。

　炭谷　大変大きなご質問をいただきまして、ありがとうございます。まず、ホームレス問題を含めた先進国と日本との違いです。これは、まずその国の制度が相当大きく違っているということを、まずひとつ注意しなければいけないのではないかと思います。制度というのは、中でも住まいの問題に対する仕組みが欧米と日本とは格段の違いがあるのではないかと思います。日本の場合、社会保障給付費がありますけれども、社会保障給付費に占める住居費の割合というのは、ほとんどないんです。正確にいうと0.3％です。本当にわずかなものが住居に対する社会保障として給付されているにすぎません。

　それから、間違いやすいのは、ホームレスの定義です。つまり、私

ども日本人の考えているホームレスというのは、大阪城の周りや上野公園の周りでブルーテントで寝ている人をホームレスとして考えていると思います。それに対してイギリスの場合のホームレスというのは、むしろそういう人はラフ・スリーパーという言い方をして、ホームレスとは言わないんです。イギリスでは、かつてホームレスというのはサッチャー政権の末期には24万人ぐらいいたといわれています。そうすると、人口に比して大変な人数ですけれども、このホームレスの調査の中には住居が不安定な人、例えば、一時的に慈善団体の施設にいるとか、そういう人も含まれているのです。だから、英国のホームレスというのは、いわば安定した住居にいない、例えば私たちがイギリスに旅行に行ったときはB&Bという簡易宿泊所のようなところに泊まります。大体快適なところですけれども。ああいうところに住んでいる人もホームレスとしてカウントして統計を出しています。

　ですから、英国と日本の住居の違い、これが今の資料に出ているのではないかと思います。だから、居住というものに対する考え方、日本の場合はとにかくどこでもいいから屋根の下にいれば幸せなのだという考え方で居住というものを考えているのに対して、ヨーロッパは全部そうだと思うのですけれども、英国はしっかりした住まいに安定的に住むということを前提に考えている国ではないかと思っています。

　住居の問題については日欧の間に相当差があると思いますけれども、他の福祉制度についてはだんだん同一化してきているというのが私の見方です。福祉制度については日本はイギリスなりヨーロッパと比べてだんだん差はなくなってきつつあるのではないかと思います。しかし、それを支える社会活動、それは残念ながら、特に今おっしゃいました人に対するボランティアとか慈善活動については、なかなか日本では広がらないというのが事実ではないかと思います。

④　環境戦略に向けて

司会　ひとつひとつ議論をすべきテーマがありますが、きょうはたくさんの人にご発言いただきたいと思います。立山さん、どうぞ。

立山　私は、相模原市に住むフリー・ジャーナリストです。私は、

機会あるごとに、環境行政についての批判や注文をしてきたものですが（例えば、「九州新幹線の新幹線沿線公害の後退」についての批判）、今日は、個別ケースについての注文はしません。

そうではなくて、「環境庁がんばれ」という、応援演説をしたいと思います。環境を汚している業界ほど、「環境を大事にしています」といったイメージづくりのCMを流すのに、懸命ですが、私が「環境庁がんばれ」というのは、その類のことをいいたいのではありません。

日本が、21世紀に、世界やアジアで、有益な役割をはたせる存在であるためには、環境技術を国家戦略的として強化すべきだ、ということを、私は強調したいのです。

日本の21世紀国家戦略の柱に、環境政策の飛躍的強化をおくべきなのです。アメリカは世界の超大国だといって、威張っていますが、軍事技術開発に偏りすぎて、環境対策、環境技術が立ち遅れています。これが、アメリカのテクノロジーを劣化させているし、戦争技術開発にばかり熱中していると、さらに後退するでしょう。

日本は、幸いにして、環境対策技術の水準は高くなっています。これに、さらに、人も金も資源も、国家が重点的に投入して、環境政策の優位性を高めるべきでしょう。中国などの経済成長がつづいて、アジアは経済的に活気を呈していますが、このままでは、環境問題を深刻化させ、それが、成長の壁にならざるを得ません。日本の環境技術を高めることは、アジアを救うことにも通じると思います。

ただし、環境対策と言うのは、ハードだけを強化することではないでしょう。大気汚染防止には、低排ガス車を開発するだけではなく、できるだけ「脱クルマ社会」にして公害のない社会にしていこうという「社会意識」の形成が大切だと思います。

ちまちまとした公害対策の強化で満足するのではなく、日本の国家戦略の柱に、「環境戦略」をどんと据えて、予算も大幅に環境対策立国のためにとって、がんばってください。

炭谷　がんばりますので。ちょっと言わせていただきますが、これからの環境政策のご真髄を突いていらっしゃるのではないかと思いま

す。これからの環境政策というのは、まさに社会とか経済のシステム自身を変えていかなくてはいけないのではないかと思います。単に昔のように、悪い空気が出てきた、汚れた水を出した、それを「おい、こら」といって止めるという時代ではなくて、経済や社会や我々の生活のシステム自身を変えていかないと、持続可能な社会というのはないのではないかと思っています。まさにご指摘のとおりだと思いますので、再度がんばらせていただきますと言いたいと思います。

⑤　社会における新しい絆を

　木村（広島国際学院大学）　広島国際学院大学の木村と申します。きょうのお話の最初にありました、社会から排除、孤立する問題の中で孤独死の問題が非常に見えにくいという問題です。先ほど次官が深化しているとおっしゃったと思いますけれども、一般的には非常に見えにくい。それに対して、ソーシャル・インクルージョンという理念は大事だと思います。具体的にどういうふうな行政を含めた取り組みになっていくことが大事だとお考えなのか、お伺いしたいというのが一つです。

　そして、虐待問題は日本の場合の特徴として虐待する70％は女性で、母親の側だというお話がありました。女性問題であると同時に男性問題という側面もあると思いますが、それについての解決の方向として、話にありましたCANの活動をどういうふうに考えておられるのか、そのあたりをもう少し伺いたいと思います。

　炭谷　どうもありがとうございます。

　まず第1番目の孤独死の問題です。孤独死という問題が、現在の日本の社会では、ある意味では日常化してしまっているんではないかという心配を持っています。もう社会問題という意識が乏しくなっているところに、また問題があるんではないかと思います。

　この問題についての解決策というのは、例えば西東京市があのような事件を起こしたときに、議会での市長の答弁を聞いて、ある意味ではがっかりしました。結局、議会で「この問題をどう考えているんですか」という質問があったとき、市側は「これからもホームヘルパー

の派遣や地元の民生委員活動を通じてしっかりと状況の把握をして、適切にサービスを対応していきたい」という答弁でした。

　もちろん、そういうホームヘルパーが訪問することや民生委員によって発見するという手立てがないことはないと思いますけれども、問題はそういう簡単なところというとらえ方で十分なのか、と思います。結局は、根本的にいえば社会のつながりというものが、現代社会で消えつつあるということだろうと思います。それをどういうふうにして再構築していくかということがいちばん重要な解決法かなと思います。

　平成12年12月に、私が厚生省を去るということがわかっていましたので、最後の仕事として、「社会的援護を要する人々に対する対策のあり方」というふうな長い題の報告書をまとめました。これは結局、ソーシャル・インクルージョンをいかに進めるかということの解答をまとめた文章ですけれども、その中で展開されているのは、結局、社会において新しい絆というものをいかにつくっていくかということだと思います。これは、その後地域福祉計画というものに引き継がれてはいますが、実践までうまくつながっていくかなといえば、残念ながらまだ確信が得られていないのが実情かと思います。

　東京の多摩のほうでは「フュージョン」というNPOがあります。これは非常に活発な活動をしており、そこの話を聞いたことがあります。そこでは、手法としてなかなか個人の住宅に入っていくことは難しいので、パソコンを使ったものとか、また機関紙を発行したり、また集会所を活用したり、というような手探りの状況でやっているというふうにお聞きしましたけれども、これをどういうふうに実践していくかというのがこれからの課題だと思います。

　それから、児童虐待の問題ですけれども、日本の場合の虐待の主体は7割は女性、特に若い女性が多くを占めています。これは今ご指摘のように、虐待したのは若い女性だから、すべて若い女性に責任があるかといえば、答えは違うと思います。片方のパートナーとの協力とか、そういうもの、もしくはその周りの人たちの温かい見守りなり支

援がないということも大きな理由だろうと思います。そこで、どのように児童虐待というものを未然防止していくかというと、英国の場合に行っているのは、まず第1に早期発見に努めようということで、例えば保育所とか、小児科医とか、そういう人からの情報を常に得るようなシステムを作り、地域ごとに一つの児童虐待のための委員会をつくって対応をしています。かなり成果を上げているのかなと思いますけれども、同じような考え方で、日本もこのように関係者の委員会をつくって対応していこうというのが、だんだん浸透してきているのではないかと思います。

　CANがどのように児童虐待に取り組んでいるのかといえば、残念ながら、ほとんど活動はありません。CANというのは、狙いとして、社会的に排除されている事例、例えば、外国人の問題とか、失業者とか、ホームレスとか、そういう人たちに対する施策を中心に置いていますので、児童虐待の対策というのは、私どもは残念ながら今のところは知りません。また、CANの関係者とは常に連絡をとっていますので、考え方を聞いてみたいと思っています。

　それから、参考までに、最近オーストラリアの児童虐待の状況について意見交換をする機会がありました。そうしますと、オーストラリアといえばイギリスとの関係が深いんですけれども、児童虐待の動向というのは日本とまったく同じ動向だと言っていました。ですから、必ずしも人種の違いとか国民性の違いというのは、すっきりと整理して考えられるものではないと思いました。

⑥　暮らしを守る住宅政策へ

　上野　東京から来ました上野です。都心に近い区で住宅問題にかかわる仕事をしています。最近、居住環境が破壊されています。そこに居住している人たちが、まちぐるみ、地区外転出といいまして、追い出される現象がものすごい勢いで進んでいます。例えば、超高層マンションがどんどん建っていて、私の通勤途中でも3棟あります。一つは区営住宅で家賃が25万、あとは公団とか民間のマンションです。夜、帰りに見ると、ほとんど居住者が10％いるかな、というくらい

第1章 環境福祉・ソーシャル・インクルージョンとホームレス問題

にしか電灯がついていない。一方、200坪足らずの土地があるとしますと、15坪くらいに敷地を分割して、3階建ての木造の分譲住宅を建てます。そうすると、窓から窓を通して手が入ってしまうような居住環境です。1階がカースペースで、2階がキッチンとトイレと浴室で、3階がうまくいけば寝室がとれるというような住宅です。

　そういうことを見ると、お話を聞いていて、環境と福祉と住宅というのはもっとも密接に深くかかわっているのではないかと私には感じられました。さて、それをどうやって組み立てればいいのでしょうか。地域の真只中にいると、どうせ再開発はされていってしまうだろうというあきらめの感じと、それをどう食い止めるか、どうしていったらいいかというさまざまな問題があります。これぞまさに環境の破壊と福祉を奪っていく、そして住宅を供給しないという、政策のすさまじさというものを感じています。それらをどう整理したらいいのでしょうか。ちょっと、大きい問題かもしれませんが、教えていただけますでしょうか。

　炭谷　大変大きい問題をいただきました。私は、今のような問題に接するごとに、先ほどもお話ししましたけれども、日本の住宅政策の不存在、そういうものに注目といいますか、そういうふうに考えざるを得ないのかと思います。住宅政策はヨーロッパに遅れ、いちばん遅れているところではないかとつくづく思います。

　1942年にベバリッジが有名なベバリッジレポートを出しました。その中の5つの巨悪という有名なものが入っています。皆様もご存じのように、その中に非常に狭い住宅問題が今、福祉が立ち向かうべき巨悪の一つだということを1942年にベバリッジが言っているわけです。それが社会保障の非常に重要な要素なのだろうと思うのです。残念ながら、日本の場合は、社会保障政策としての住宅というとらえ方は不十分なまま来てしまったのではないかと思います。

　ですから、かつて私自身、厚生省で仕事をしていたとき、厚生省の中には住宅部門はほんの少しばかりあるんです。いちばん大きいのは、生活保護の住宅扶助です。あとは公営住宅の関係で、非常にささやか

な仕事だけです。これから欧州の社会保障の一つの柱となる住宅というのがしっかり位置付けられる。例えば1949年に社会保障とはこういうものだというILO基準というものができています。その中に、福祉その他の分野に住宅というものが入っています。日本の場合は社会保障として歴史的な変革があったと思うのですけれども、そこまで政策手段に発展しないで今日にきているのではないかと思っています。

⑦ 支援の制度と主体

司会 では、あと2人です。時間がありませんので、1分ぐらいで、お2人一緒にお願いします。

中田 中田と申します。私は先ほどから話に出ている大阪自彊館の施設長をしていたことがあります。あの地区をいろいろな方法で、ホームレスの人たちを支援しようというときに、今の制度や仕組みの中でできることが、少しあるのではないかと思います。というのは、ホームレスの人々を更正施設に入所させれば、あの地区を離れないでかなりの人がそこで暮らすことができると思います。なぜ施設かというと、あのまちの中の人も含めて、あいりん地区の生活が長いと、付き合うことを非常に心の負担に感ずるような場面がしばしばあります。そこで、施設職員のサポートするという立場を明確にして、必要なところだけを支える、頼まれたことだけをやるというような施設の機能にします。あそこはある程度住宅地から離れていますから、そういう使い方もあります。いろいろな施設を縦割り行政の中で、横断的機能を持たせ、多機能化していくのがいいのではないかと思います。

司会 ありがとうございました。ご提案だと思います。では、最後に石田さん、簡単にお願いします。

石田（日本福祉大学）　日本福祉大学で地域福祉を学んでおります。大学院生です。

きょうのお話でいちばん関心を持ったのが、環境と福祉の相関関係で、今、日本に欠けているのは、社会への認識不足というところです。お話になった弱い地域をエンパワーメントしていく仕組みが日本では非常に弱いと思っています。自助、共助、公助とありますが、あいり

ん地区のNPOと医療組合による医療主体の話がありました。地域を支えるには、なんらかの事業主体がなければ始まらないと思いますが、先生の個人的なお立場から、今後、公助としてこういうことをやってみましょうとか、あるいはそういうことで地域を支える力として期待していくのは非常に難しいと思っておられるのか、それは事業次第だと思っておられるのか、どっちの見解になりますでしょうか。

司会 ありがとうございました。1時の新幹線でお帰りになりますので、簡単にお願いします。

炭谷 まず、中田さんのご質問ですけれども、まさにCANの手法というのは、今ご指摘されたように、現在ある制度を利用できるものは利用しようという考え方です。しかし、制度どおりにはやらないぞと。つまり、制度があるからそれをやるのではなくて、自分たちがやらなければならないニーズがある。そのニーズに制度がむしろ合ってもらわなければいけない。制度をニーズに合わせるようにするのだというのがCANの手法の真髄なのです。ですから、決してCANの幹部は公に対してお願いすることはしないです。こういうふうにしてくれ、というやり方をするのです。こうしないとうまくいかないから、制度を直してくれというやり方でやっています。

それと、例えば、スラム地域でも利用できる制度というのはたくさんあると思います。救護施設にしても十分対策としていろいろできます。それをいかにこれからうまく使っていくかということだろうと思います。

それから石田さんのご質問ですけれども、これからの社会というのは、公が何かを支給するという時代から、自分たちの手でやっていく、私はそれは市民社会論と呼んでいますけれども、市民が手を結んで、自分たちでやっていくということが重要だと思います。

そんなふうに考えた場合、現在の日本の社会法制度の中では、何らかの法人格を持っていないことには、仕事がうまく進みません。銀行の口座ひとつつくれないわけです。融資も受けられません。ですから、何らかの法人格、つまりNPOというのがいちばんつくりやすいんで

すけれども、やや組織としては弱い。では企業組合というのはどうだろうかと。企業組合というのはあまり知られていませんけれども、企業組合というものは、新しい仕組みです。非常に使いやすい制度ですから、そういう企業組合というものもどうだろうかという形で、今、いろいろと研究しているところです。

⑧　国民の幸せを目指す行政を

　司会（早川）　ありがとうございました。前々事務次官がお亡くなりになって、きょう午後から東京で葬儀があります。炭谷さんはあいさつをしないといけないので、きょう午前に振り替えさせていただきました。

　最後に、私から質問をして、締めくくりにさせていただきます。私は今、厚労省の局長をしておられる親しい人がおります。スウェーデン大使館の一等書記官を3年間やられ、日本に帰ってきて、住宅政策があまりにもひどいと言われていました。こういう住宅政策では、厚生省の仕事は、住宅政策の尻拭いに追われることになるので、当時の建設省に乗り込んでいきました。そうすると、建設省から、「よその行政に口を出すな！」とどなられたと、かんかんに怒っていました。

　きょうの炭谷次官のお話は一貫して、環境とか、福祉でした。先ほどは高級官僚に言われたような、例えばご批判とか、一般的常識でいいますと、より学際的という言葉がありますが、行政的用語はわかりませんが、共有、共感という視点は、ありますか。こういうことについて行政は、コンセンサスを得つつあるということであれば、それですばらしいと思うのですが、厚生行政、環境行政、あるいは国土交通行政とか、そういう点はどういう状況なのでしょうか。

　炭谷　まず一つ、私の印象として言えることは、各省の流れ、縦割りというようなことは、以前、私が仕事をしていた20年前、30年前に比べれば、随分少なくなったと思います。特に、政治主導といいますか、日本でいえば相当強い与党の主導があります。ですから、昔は残念ながら官僚主導だったと思いますけれども、与党の力は以前に比べれば、相当強くなっていると思います。

第1章 環境福祉・ソーシャル・インクルージョンとホームレス問題

　もう一つは、第2の官邸主導です。内閣の主導が非常に強くなってきています。何かあれば、最終的には官邸で調整が行われます。そういうもので各省のつながりというものが、以前に比べれば、かなり強くなったのではないか、改善されているのではないかと思います。ただ、残念ながら、各省との権限争いというものは役人の常として、常に発生しているというのは事実だろうと思います。ただ、かなり、そういう面では、良くなりつつあるのではないかという印象を私は持っている次第です。

　本来は、政治なり、行政というのは、国民の幸せのためにやることであって、役所のためにやるのではないので、あくまで国民の幸せという面で行政というものが行われなければならないと私は思っています。

第2章　イギリスにおけるホームレス問題と
その支援事業

岡 本 祥 浩

はじめに

　本稿はイギリスのホームレス支援施策が如何にデモクラシーを支える人々を育成しようとしているのか、つまりホームレス生活者を自立した個人として社会の本流に戻そうとしているのか、その努力の様子を紹介する。

　本稿の構成は、まず政策の背景としての「自立した個人の必要性」そして「地域でのホームレス支援策展開」の様子をウェールズの首都・カーディフを例に紹介し、その後、きわめて対照的な二つのホームレス支援事業、「ビッグ・イッシュー」と「フォイヤー」を紹介する。

1．政策の変化とホームレス問題

　社会に「自立した個人」を育成しなければならない背景を紹介しよう。

　経済問題に端を発する政策の変化が大きな議論となっている。周知のように1960年代に盛り上がった福祉国家論は、1970年代に変容し始めた。1959年から15年にわたって行われたベトナム戦争、1973年のオイルショックなどがアメリカ経済及び世界経済に及ぼした影響は大きかった。1971年にアメリカがドルの金との交換を停止し、輸入課徴金賦課を実施するという所謂ニクソン・ショックによって世界経済の枠組みであったブレトン・ウッズ体制が壊れた。これにより国家が持っていた資本統制の機能がなくなり[1]、中央集権型の福祉国家を

（1）　神野直彦『地域再生の経済学』（中央公論新社、2002）p.40-41

目指した体制が崩れることになった。資本は、より安い労働力と制限の少ない環境を求め、労働力はより条件のよい職場を求めて世界中を自由にフライトすることになった。中央政府や地方政府は、資本が逃避することを恐れ、減税・補助金・都市基盤の整備など様々なインセンティブを用意し、世界的な都市間競争・地域間競争を勝ち抜くことに血道を挙げることとなった。その結果、中央政府や地方政府の利用できる財源が減少し、社会政策に使える資源が少なくなった。そこでクローズアップするのが政府（公）の非効率性と民間の効率性であり、「福祉多元主義」など慈善団体やボランティア団体、そして当事者をもサービスの供給主体として位置づけ、少ない政府資源で効果の高いサービスを提供する考え方である。そこでは政府は資源が最も効率よく使われるように施策の実施環境を整えるイネブラーとしての役割が与えられる。こうした考え方は、市場至上主義でも政府万能主義でもない「第三の道」としてブレア政権でも実施されている。ブレア政権は「Welfare to Work」を旗印に、市場経済のダイナミズムと社会的仕組み、家族、コミュニティを活用し、貧困などの社会問題に取り組むとしている。

　こうした考えが現れるにはいくつかの背景がある。

　第一に社会政策に関する考え方の変化である。中央集権的福祉国家では，貧困者など支援の必要な人々に福祉的サービスなどを与えていた。しかし、それだけでは「貧困の罠（poverty trap)」が発生し、サービス受給者に給付を受ける精神を育ててしまう。つまり、サービス受給者が福祉依存症候群になってしまいやすいことを言う。これは、就労して自立すると所得が発生するにもかかわらず税金などで福祉給付金を受給していた場合よりも実際の可処分所得が減少する場合を意味する。そこで就労せずに福祉給付を受け続けようとする。就労でき、自立する可能性を持っている人々が、「貧困の罠」によってその可能性を十分に活かしきれないとすると、社会の活力が低下してしまう。そこで就労によって所得が発生しても福祉的な給付を受けている場合よりも可処分所得が低下しないように制度を変更するなどして就労に

よる自立の道を広げる工夫がなされてきたのである。福祉に依拠して生活する人々をできるだけ少なくし、活力ある社会を築こうとするこうした考え方は、社会を福祉を提供する側と受ける側に二分するのではなく、「福祉」か「自立」かの二分的な考え方でもなく、中間の半福祉半就労の道を許容し、より多くの人々の人権を尊重し、社会の中で自立させ、社会形成に参加させることを目指していると言える。

　第二に「社会的排除」という概念が出てきた。イザベル・アンダーソン[2]によると「社会的排除」は、1970年代にフランスで議論され、イギリスで1990年代以降に盛んに議論されている。その概念は未だ確たる定義がなされていないが、ダイナミックで複合的な考えであるとされている。

　貧困を解消するために社会的に支援する必要があるが、その支援によっても貧困が本質的に解消しない場合もある。支援の継続が予算規模を上回る場合もある。近年の貧困を見ると、職業技術や情報・運輸技術から疎外され、その結果として、貧困を招来している例が明らかになってきた。つまり結果としての貧困に目をやるとともに貧困を生み出すメカニズムに着目することが必要になってきた。そのアプローチとして「社会的排除」が語られるようになってきた。

　また、「社会的排除」状態は、様々な側面が複雑に絡み合っている。単に物質的なものだけでなく、あらゆる生活の側面に及んでいるという性格がある。「社会的排除」の最たる現象がホームレス問題であるが、ホームレス生活者などを社会に参加させる仕組みを作ることで、その社会にふさわしい生活が行われるように、困難な状態が生じても解決できるようにしようという意図をホームレス支援策は含んでいる。そういう意味で近年のホームレス支援策はホームレスを社会の主流に戻すこと，ホームレス問題が発生しないように予防に力点を置いている。ブレア政権は、その中心施策の一つとして1997年社会的排除局

（2）　Isabel Anderson, Housing and Social exclusion; the changing debate, in Social Exclusion and Housing context and challenges edited by Isabel Anderson and Duncan Sim, Chartered Institute of Housing, 2000 in p.6-21

(Social Exclusion Unit)を開設した。SEUは、その優先目標として「路上生活者の削減」「怠学への対処」「荒廃した住宅団地の再活性化戦略の樹立」を掲げている。ここにブレア政権が意図している「社会的排除」の典型例があり、解決しなければならない課題が示されている。その筆頭が、ホームレス問題なのである。

ホームレス生活者は、単に「住居がない」というだけではなく、生活技術を持ち合わせず、教育を受けず、したがって職能を開発できず職もなく、社会とのコンタクトがなくなり、自信と自立を失っている。その上、ドラッグ(薬物依存症)、アルコール(アルコール依存症)、メンタル・イルネス(精神的不健康)など様々な問題を抱え、ホームレス状態を解決することが非常に困難になっている。まさにホームレス問題は、「社会的排除」の典型例であり、ホームレス生活者を就労に向けて自立させ、社会の一員として生活させる事が、民主的社会を築く仕組みを作り上げることになる。

2．ホームレス問題とその要因の変遷

なぜ、イギリスで「社会的排除」が頻繁に議論されているのか、ホームレス問題に焦点を当ててその変化を見よう。

当初、イギリスにおいてホームレス問題は、住宅不足が原因であると考えられ、1977年に住宅の提供を基盤とする現在のホームレス生活者支援政策が創られた。その背景には次のような状況があった。ホームレス法制が議論になった1960年代には、第二次世界大戦後の住宅不足がまだ十分に解消されていなかった(1960年代の終わりになって全国的な世帯数と住居数のバランスが取れたが、地域的には住宅不足は解消されていない)[3]。それにもかかわらず政府のスラムクリアランスがうまく機能せずに住宅を失う人々が発生していた。そうした状況をBBCがドキュメンタリードラマ「キャシー・カム・ホーム」に仕立てて(1966年に放映)、ホームレス生活者に対する国民の共感を集

---

(3) Peter Malpas and Alan Murie, Housing Policy and Practice, 5th edition, Macmillan, 1999, p.58

めた。そしてホームレス支援団体のシェルターが設立され（1966）、政治的な圧力が高まるとともにホームレス問題の原因が住宅不足であるという多くの研究報告書が政府機関や研究者から出された[4]。こうした状況と労働党政権という条件が重なり 1977 年住居法（ホームレス生活者法）が成立した。

1977 年住居法の意義は、「ホームレス状態を定義したこと」「ホームレス問題の責任の所在を地方自治体の住宅部局に定めたこと」「ホームレス支援に恒久的な住宅提供を定めたこと」「ホームレス支援の基準を定めたこと」（適格性、優先条件、恣意性、地域とのつながり）である。そこで家族を中心に住宅を提供すると言うホームレス支援策が展開された。ところが、1980 年代後半以降、その様相が変化し始めた。住宅戸数が世帯数を上回ったにも関わらず、野宿者が急速に増加し始めた。

ホームレス問題発生のメカニズムは「住宅不足」という問題だけではなく、「経済構造の変化」、「人口構造の変化」、「政策環境の変化」、「個人問題」の四要因が影響していると考えられている。主に前三者の要因が相互に関係して不安定な社会経済的な環境が形成され、パートナーとの離死別、失業、家出、退職、ケアからの離脱、薬物中毒、アルコール依存症などの主に個人的出来事が引き金となってホームレス生活者になる、と考えられている。

それぞれの変化の様子を少し詳しく見よう。「経済構造の変化」は、産業構造の変化、資本・労働力の世界的移動、就業構造の変化などを意味する。産業構造の変化は、製造業などの重厚長大型から卸売・小売業、サービス業、金融、研究・開発などの軽薄短小型の産業への転換を促す。その結果、それまでの製造業で必要であった単純肉体労働者の仕事場が無くなり、代わりに高学歴が要求される非常に高い職業能力の必要な就業の場が生まれる。これまでの製造業に代わって不安定な就労（パートや一時雇用が主体）の女性向けの組立作業、スー

（4） David Clapham, Peter, Kemp, and Susan J. Smith, Housing and social policy 1990, p.118-119

パーの販売員や対人サービス業などが新しい仕事として増加し、職業技術の無い若者、特に男性の仕事が無くなる。その結果、若年男性が就労の場を失い、ホームレス状態となる危険性が高まる。

「人口構造の変化」は、「伝統的家族観の崩壊」を意味している。近年の離婚の急増、さらには婚姻届けを出さない事実婚の急増が、婚外子の急増（数パーセントから40％へ）など血の繋がった親子が家庭を形成するという近代社会で形成されてきた家庭概念を崩壊させている。そのことが何をもたらしているかは、「16歳までに9人に1人が一度は家出を経験」しているという事実が物語っている。青年期は、様々な意味で不安定な時期である。そのときに親身になって相談し、助けてくれる大人がいるかどうかは、当の青年には重大な問題である。住居の探し方、契約方法。電気・ガス・水道・電話などの契約と使用方法。食材の買い方、選び方。調理など家事の方法など様々な生活技術が独立した生活には不可欠である。大人にはなんでもない問題が、青年には未経験の大きな問題となる。こうした生活技術を身に付けていない若者に独立期の家族による手助けがないと、容易にホームレス生活者になってしまうのである。

政策の変化は、主に前述の経済構造の変化に起因する。資本の利益から税金として集めた資金を福祉施策に充当するという中央集権型の福祉国家政策の継続が、資本と労働力の自由なフライトの結果、困難になった。資本を地域に押しとどめておくための減税や資本整備、様々な規制緩和によるインセンティブ（誘因）の結果、政府の福祉施策に充てる資金が欠乏する。政府は、収支のバランスを取るため社会保障の予算を削減する。例えば「脱施設主義」によって施設を閉鎖し、地域ケアを推進する。しかし、施設閉鎖のスピードに地域ケアの体制が追いつかず、ホームレス状態の人々を生んでしまう。社会保障給付金などの減少、特に若年層への家賃補助などのカットは、若者の早すぎる独立をとどまらせようとの政府の意図にかかわらず、若年ホームレスを生出す要因となった。

ホームレス問題を引き起こす個人的問題は、ドラッグ，アルコール，

第2章 イギリスにおけるホームレス問題とその支援事業

メンタル・イルネス、ケアからの離脱、軍隊経験者、離死別、DV（ドメスティック・バイオレンス：家庭内暴力）など多岐にわたる。これら個人的問題は、いくつかのタイプに分けることができる。まず、ドラッグ、アルコール、メンタル・イルネスは、ホームレス状態から逃れることを困難にする。ドラッグやアルコールを許可するホステルはほとんどないし、矯正を目的とする施設も少ない。さらにホステルに入るとドラッグやアルコールの誘惑が多いという。施設内では禁止されているので、施設外で使用されるのだが、その際に強引に誘われる。せっかくドラッグやアルコールから離れようとしても、それができなくなる。そのためホステルなどを利用できず、野宿から脱却できなくなる。メンタル・イルネスも自立した生活を困難にさせる。抑うつ状態で社会的な活動が困難になり、しばしば社会的な支援がないと自立生活が維持できない。

ケアからの離脱、軍隊経験者、受刑者などの施設経験者は、その経験が長くなればなるほど社会生活を営めなくなる。施設で生活しておれば、受動的でも施設のルールで生活できる。その生活に慣れると自ら考え、自分の生活を管理することができなくなってしまう。ほとんどの野宿者が軍隊を含めた施設生活の経験者であることが調査によって明らかになっており、施設のあり方が問われている。

最後に離死別やDVなどの問題である。配偶者との離死別などという出来事によるショックで生活への気力が萎え、自立した生活が営めなくなってしまう。DVや虐待で本来安全であるべき住居に安心して住み続けられないという不幸な状態が生まれ、ホームレス生活者となる例も、特に女性や子どもに多く見られる。

現在のホームレス生活者の属性をまとめると若年、男性、単身（ホームレス制度が家族中心だったために単身者への支援が後回しにされた、公営住宅が家族を中心に供給されていたために単身用住居が少なかった）が主で、職業能力や生活能力が欠如しているが、何らかの訓練を受ければ自立して社会の本流の中で生活することができる人々が多く含まれていることが分かる。そのために様々なホームレス生活者自立のた

めのプログラムが組まれているし、ホームレス生活者にならないようにホームレス問題の実態を認識させ、「家を出ること」「ホームレス生活者になること」が、どういうことになるのかを学習させる教育プログラムも作られている。

以上の変化を1970年代より現在までにホームレス問題を取り巻く状況の変化としてまとめてみると、以下の四点になる。

第1に、ホームレス生活者の属性の変化である。従来，ホームレス生活者は家族ホームレスが中心であると考えられ、施策対象が家族を中心に組み立てられていた。ところが、ホームレス生活者の中心が若年の単身者に変化した。この変化に前述の「経済構造の変化」が大きな影響を与えている。産業の高度化に対応した職業に就職するために高等教育機関での教育が必要で「独立するまでの時間が長期化」した。例えば、1970年代のスウォンジーでは、16歳で学校教育を卒業し、職業につき、10代で結婚し、自分の家を持てた。学校を卒業後、すぐに就職できる若者は1976年には53％であった。ところが、1986年にはその比率が15％に低下した。それだけ知識・技能を修得していない若者に就職のチャンスが少なくなった。その結果、ホームレス支援の申請者に占める単身者の比率は、1987年の29％が、1996年には44％に上昇した[5]。こうしたホームレス生活者の変化に対応するため職業能力の欠如した若者に職業訓練の機会を与えたり、ホームレス生活者支援の優先基準年齢の切り下げが行なわれたりしている。

第2に、ホームレス問題が、「短期的問題」から「長期的問題」に変わったことである。当初はスラムクリアランスなどによる住宅不足が、ホームレス問題の原因と見られていた。そのため、住宅が建設され、住宅戸数が増えれば問題は解決されると考えられていた。ところが、前述の就労問題による経済問題が居住の安定性を脅かすようになった。産業構造の転換によって非熟練若年労働者の職場が減少し、小売業やサービス業で女性の就労の場が増える。更に国際的な価格競

---

(5) Susan Hutson, A decade of Youth Homelessness, in David Dunkerly and Andrew Thompson, (eds.). Wales Today, University of Wales Press, 1999, p.165-181

争から優秀な労働力を出来るだけ安く、必要なときだけ雇用しようとする企業の努力によってパートや一時雇用などの不安定な就業状態が増えた。その結果、安定した居所を確保することが困難で、ホームレス状態を引き起こしやすくなった。またホームレス生活者が後述の住宅以外の様々な問題を抱えているため、住宅を確保したからと言って直ちにホームレス状態が解消できるわけではない。そしてホームレス生活者はそれほど減少せず、2003/2004年でおよそ13.4万世帯がイングランド＆ウェールズでホームレス生活者として自治体に認定されている。

　第3の変化にホームレス問題が、「単純な問題」ではなく「複雑な問題」となったことである。当初は前述した住宅不足が、ホームレス問題の原因であり、住宅が無いことであった。ところが、住宅があっても、就労の場が無かったり、生活方法がわからなかったり、精神的な問題を抱えていたり、薬物やアルコールの依存症で生活が維持できず、ホームレス状態を招く。こうした問題は、住宅の提供だけでなく、都市の産業政策、教育、福祉、医療などとの連携がないと解決できない。また、伝統的家族観の変化、家出、離婚の増大など[1]が、ホームレス問題の発生を容易にし、その解決を困難にしている。こうした問題の対処には、複数の専門家の協力が必要でホームレス支援策にマルチ・エージェンシー・フォーラム（多機関統合会議）の設置やコーディネートの役割を担う担当者が求められている。

　第4に、前述の政策論の繰り返しになるが、ホームレス対策の政府が所有する資源が減少したことである。サッチャー政権以降の政策変更の影響が大きい。公的住宅の払下げ（the Right to Buy）、シェルターやホステルの閉鎖、各種給付金の削減などが1980年以降次々と実施された。その結果、セーフティ・ネットが小さくなりロンドンを中心に多くの野宿者が急激に発生した。また、従来の公営住宅は家族を対象としていたので、単身者にふさわしい住宅が少なかった。ホームレス対策も家族を重点に置いていた。しかし、ホームレス生活者に占める単身者の割合が増え、ホームレス生活者の需要とホームレス対策の

資源に大きなずれが生じた。政府は、野宿者の集中している地域を中心にラフスリーパーズ・イニシァアティブ（野宿者優先施策）を実施しつつ、資源の減少を補うためボランティアやチャリティ団体の力を活用するようになった。政府・自治体の役割は、戦略的な計画を立案し、それが実施されるような環境づくりを行う発条（イネブラー）となった。また、ホームレス生活者に対する事後的な施策だけではなく、ホームレス問題を発生させない予防策が重視され、自治体における計画や戦略の確立、ホームレス生活者への情報の提供や相談・アドバイスが義務づけられている。

　以上のホームレス問題の変化が、政府や単一部門だけによるホームレス支援サービスの直接供給から多分野や多セクターが連携したホームレス支援策を、そして当事者自身がやがて自立することを必要としたのである。

3．地域におけるホームレス支援策

　イギリスのホームレス支援策の特徴は、前述のように住居の提供を中心とするものであるが、様々な専門、セクターが協力し、地域独自の施策を展開するところにもある。イギリスのホームレス施策が具体的にどのような仕組みで総合的に機能しているのかを、ウェールズの首都カーディフを対象に紹介しよう。

（1）　地域の概要と位置づけ

　日本へのホームレス施策の紹介は、これまで地域の人口規模や情報の多さからイングランドを中心に行われてきた。イギリスのホームレス支援策は、1977年の住居法制定以降、自治体住宅部局が責任を持ち、住宅を提供することを中心に行われてきた。ところが、大きな政策変更があり、その上シェルターやホステルなどが次々と閉鎖されていったことも一因となり、1980年代後半よりロンドンで野宿者が急増した。そこで政府は、1990年にラフスリーパーズ・イニシァティブを創設し、野宿者の集中する地区に集中的に資金と人を投入し、

第2章 イギリスにおけるホームレス問題とその支援事業

施設の開設とアウトリーチ（対象者の日常生活の場での必要な情報やサービスの提供）の実施、チャリティ団体などの活発な活動によって野宿者を減らした。この事業は、1996年以降イングランドの深刻な野宿者問題を抱える他の大都市へ、1997年にはスコットランドへも拡大した。イングランド及びスコットランドでは以上の経緯から基本的な施策に加えて野宿者（ラフスリーパーズ）イニシァティブによって特例的な施策が展開されている。ところが、ウェールズは、イングランドとほぼ同じ施策体系でありながら、野宿者（ラフスリーパーズ）イニシァティブを含まない基本的な施策だけが実施されている。そのためウェールズでは地域における基本的なホームレス支援施策がイングランドの都市に比べてわかりやすく展開されていると考えられる。

カーディフは1955年にウェールズの首都に認定され、「ヨーロッパで最も若い首都」と言われている。人口は、約30万人、カーディフから車で一時間圏内に200万人が居住している。ウェールズの総人口が約300万人、カーディフ大都市圏内にウェールズの2/3が居住している。ウェールズは鉱物資源が豊富で、良質の石炭を産出し、かつてカーディフは世界一の石炭積出港として繁栄した。カーディフの郊外には多くの炭鉱があり、ウェールズの内外から仕事を求めて多くの人々が移り住んできた。しかし、産業構造の転換が進み、現在では石炭産業が消滅し、カーディフは政治・経済・司法・文化・教育・イベントなど高次産業の拠点となっている。一方、かつての炭鉱を抱えたカーディフ郊外の町々は、十分な産業基盤を再生できず、イギリスでも最も貧困な地域の一つとなっている。こうしたことからこの地域は、産業構造の転換による光と影の両方を持ち、ホームレス問題を議論するのにふさわしいと言えよう。

（2）　カーディフのホームレス事情

ウェールズの2000年12月末現在の住戸は127万戸と推定されている。ウェールズの住宅の特徴は、古く（1919年以前建築が35％）、持ち

家比率が高い（72％）ことである。持ち家は1961年以降（48％）増加し、公営住宅は公的住宅の払下げ（the Right to Buy）によって減少（1961年の24％から2001年の15.2％）している。民間借家も1961年の29％から2001年9％へと減少している。それを補う形で登録社会的家主の借家（4.1％）が1981年の11,000戸から2001年の55,000戸に増加している[6]。

カーディフの住戸数は、127,867戸（2001）で、公営住宅が12.5％（16,000戸）、登録社会的家主の借家が7.1％（9,082戸）、持ち家・民間借家・その他の合計が80.4％（102,785戸）である[7]。

前述のようにホームレス問題は様々な要因が関係するため、ホームレス生活者の規模や属性は地域によって異なる。表1に示すように大都市ほどホームレス生活者の比率が高い。カーディフのホームレス世帯比率はロンドンの1/9程度に過ぎない。しかし、この数値は自治体が支援すべきホームレス生活者として認めたものであり、ホームレス生活者の実態を忠実に示している訳ではない（申請しない者や支援基準に合わない者は含まれない）。しかしながら、大都市ほど一時居所で暮らす世帯数（表2）が多く、ホームレス生活者における比率も高く、大都市のホームレス問題の深刻さを示している。

表1　自治体に認められたホームレス世帯（2000/01）

地域	優先条件を備えた恣意的でないホームレス世帯	千世帯当たりの数
ロンドン	29,630	9.5
イングランド	114,350	5.5
ウェールズ	4,390	1.5
カーディフ	356	1.1

出所：DTLR, More than a roof　A report into tackling homelessness, 2002　Welsh Housing Statistics 2001 より作成

（6）　Welsh Housing Statistics 2001
（7）　Welsh Housing Statistics 2001

表2　一時居所で暮らす世帯

地　域	世帯数
ロンドン	44,340
イングランド	77,940
ウェールズ	1,079

出所：DTLR, More than a roof A report into tackling homelessness, 2002 Welsh Housing Statistics 2001 より作成

注）ロンドン及びイングランドは、2001年9月末、ウェールズは2000／01年度末の値

表3　ホームレス状態になった理由（2000/01）　（単位：世帯）

主な理由	イングランド	(％)	ウェールズ	(％)	カーディフ	(％)
両親と住めなくなった	19,900	17.4	745	17.0	68	19.1
他の親戚や友人と住めなくなった	15,790	13.8	331	7.5	34	9.6
パートナーとの人間関係の崩壊	25,970	22.7	1,248	28.4	52	14.6
ローン破綻	3,750	3.3	233	5.3	28	7.9
家賃滞納	3,750	3.3	144	3.3	8	2.2
他の理由による住居の喪失	25,880	22.6	1,307	29.8	127	35.6
その他	19,310	16.9	382	8.7	39	11.0
合　計	114,350	100.0	4,390	100.0	356	100.0

出所：DTLR, More than a roof A report into tackling homelessness, 2002 Welsh Housing Statistics 2001 より作成

注）イングランドの「他の理由による住居の喪失」には15％の「定期借家期限の終了」を含むウェールズ及びカーディフの「その他」に「施設やケアに居た」を含む

　ホームレス状態になった理由（表3）を見るとイングランドとウェールズでは「両親と住めなくなった」「他の親戚や友人と住めなくなった」「パートナーとの人間関係の崩壊」の合計が過半数を超えており、ホームレス問題が単なる住宅問題ではないことを示している。特に「他の親戚や友人と住めなくなった」を見ると、ウェールズ、

カーディフ、イングランドの順で増えており、都市化の程度と人間関係に起因する問題との相関が示唆される。反対に居所自身の問題をホームレス状態になった理由に挙げている比率は、ウェールズ、特にカーディフで高くなっている。「ローン破綻」の高さや「他の理由による住居の喪失」の高さが注目される。カーディフにおける「ローン破綻」は、産業構造の転換による失業などが影響を与えていると推察される。カーディフではホームレス状態になった理由は居所の喪失が半数近くを占め、他の地域に比べて住宅問題が大きな意味を持っているのが特徴である。また、イングランドにおける「他の理由による住居の喪失」の 2/3 が「定期借家期限の終了」であることも注目される。ホームレス問題に対処する民間借家市場の問題の一つが示されていると言えよう。

野宿者の数は、イングランド全体で 530 人以上と推定されている。カーディフでは、シティ・センター・チームの朝食サービス（Breakfast Run）による確認で 13 〜 14 人である（2001 年 10 月下旬から 11 月初旬に掛けての人数、19 人から 7 人の間を上下している）。

このようにカーディフのホームレス問題は、ロンドンやイングランドの大都市よりもその規模は小さい。しかし、前述したようにホームレス生活者が社会の構造を通して生まれてくる以上軽視すべき問題ではない。

（3） ホームレス支援施策の構成

ホームレス支援施策は、地方の独自性が強い。カーディフのホームレス支援施策は、住居法、ガイダンス（ウェールズ政府によって定められる）、ウェールズの住宅戦略、ウェールズのホームレス戦略、カーディフの住宅戦略、カーディフのホームレス戦略という重層的な政策体系の中に位置づけられている。住居法によってホームレス生活者の定義、支援の対象としての優先条件（地方政府でも独自に基準を設定している）、ホームレス支援の責任の所在などホームレス支援策の基本方向が定められている。実際の運営方策に関して各地方政府がガイダ

ンスを発行し、地方自治体にその指針を指し示している。ホームレス問題の責任の所在が地方自治体住宅部局に定められているのでホームレス対策が住宅戦略の重要な部分を占めている。そのためホームレス支援策は、各地方政府・地方自治体の住宅戦略およびホームレス戦略の双方で位置付けられている。地方政府の住宅戦略やホームレス戦略は、地方政府全域を対象とし、すべての地方自治体に当てはまるように作成するため、やや抽象的に作成される。

　住宅戦略やホームレス戦略での議論の中心は、「予防」「協同」「戦略」である。「予防」は、ホームレス問題の解決が容易でないため、問題の発生を防ぐことが最も重要な対策であるとの認識に基づいている。「協同」には複数の意味合いがこめられている。ホームレス問題が「複雑な問題」であるため、複数部門の専門家が協力しなければ解決しないこと、自治体のサービスが官僚的で柔軟な対応が出来ないことや資源の少なさをカバーするために様々なセクターの協力を必要とすることである。地方自治体の重要な役割は、ホームレス対策が効果的、機能的に働くよう「戦略」を立案し、機能させることにある。そのため地方自治体の住宅部局がホームレス対策の要とされている。

　ホームレス支援施策は、「緊急施策」（野宿者への宿所、生活支援サービス、野宿の恐れのある者への相談・情報提供などのサービスなど）「サポート施策」（一般住宅で生活を継続するための様々な支援サービス）「恒久住宅の提供」（公営住宅や登録された社会的家主の借家など居所の提供）「情報・相談」（ホームレス支援サービスの紹介、居住継続のための様々な相談）「戦略とイノベーション」（施策の有効性を評価。有効に機能する方策の検討。戦略的プランの策定）に分けられる。これらの施策は、ホームレス生活者が緊急事態である野宿状態から恒久的な住宅での居住に向かうよう連携づけられている。その様子をカーディフを例に見てみよう。

　カーディフのホームレス支援策の要は、ホームレス担当部局でホームレス戦略の立案・実施と関係部局との調整役を担っている。ホームレス生活者との接点はシティ・センター・チームとカーディフ居住へ

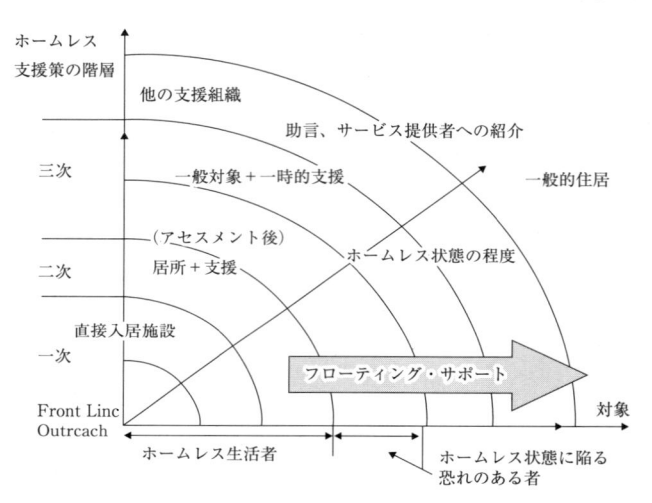

図1　ホームレス支援施策の構造

ルプ・センター（Cardiff Council Housing Help Centre）である。ホームレス支援策は、カーディフ市直営のホステルを除いてチャリティ団体によって実施されている。カーディフ市とチャリティ団体、チャリティ団体同士は後述の情報の共有化やホームレス生活者への給付金や補助金、基金などを通して密接に連携するように仕組まれている。

カーディフでは、ホームレス生活者に対してホームレス状態の厳しい状況から順に一次・二次・三次のホームレス支援サービスが、更にホームレス状態に陥っている者やその危険性を持つ者に対してその他の支援組織から支援が提供されている（図1）。

ホームレス支援一次サービスは「緊急施策」を意味し、居所の提供とアウトリーチ・サービスに分けられる。アウトリーチ・サービスは、野宿者やホームレス生活者に直接彼らの生活の場で会い、サービスを提供するものである。警察、看護婦、チャリティ団体、役所の窓口など様々な団体が相互に密接に連携しサービス提供に関わっている。

野宿問題対応の中心は、シティ・センター・チームである。シティ・

第2章　イギリスにおけるホームレス問題とその支援事業

センター・チームは、カーディフ市の様々な部署から12人の職員が集まり、都心の野宿問題を解決するために結成されている。毎朝夜明け前からチャリティ団体（Wallich Clifford Community）と協同で朝食を配りながら野宿者の状況の把握に努めている。シティ・センター・チームは、野宿者に緊急的な宿所提供が必要であると判断した場合、ホステルなどに野宿者を紹介する。野宿者自身の詳しい調査は、施設入所後に行われる。また、年に一度、24時間体制で都心の野宿者の状況を調査（Snapshot survey）している。その他のチャリティ団体なども炊き出しなどを行って野宿者を支えている。

ホームレス生活者へのサービス情報の提供は、カーディフ・居住ヘルプ・センターを中心としている。カーディフ・居住ヘルプ・センターは、市民の利用しやすい市街地の真ん中に立地し、住宅問題の相談やアドバイスを提供するだけでなく、住居費保証会議（Cardiff Bond Board）など様々な住宅問題に対応する機関とともに立地している。また、ビッグ・イッシュー・カムリ（後述）（ビッグ・イッシューのウェールズ版）を創設するための事務所スペースの提供などもカーディフ・居住ヘルプ・センターが行ってきた。

ホームレス生活者は様々な問題を抱えている者が多い。そうした人々の日常生活を支えるためアルコール依存症の者にはドゥヴェック・ハウス（Dyfrig House）が、精神的健康問題を抱えた者には四つの風（4 Winds Day Centre）がデイセンターとして設置されている。

一次サービスとしての居所提供は、ホームレス生活者自身が施設に出向き、そこでサービス提供者に居所を直接提供してもらう施設（Direct hostel）を含んでいる。対象年齢などが限定されている施設もあるが、基本的に野宿者一般を対象としている。施設入所の原則は、当人がホームレス状態から脱却する努力を継続する事で、住居法によるホームレス生活者支援基準と同じである。野宿状態であっても本人がその状態の解消に努力する姿勢を示さないと、居所の提供は許されない。

一次及び二次サービスの対象者がホームレス生活者となるが、二次

サービスは、居所提供に様々な支援サービスが付随したものである。その支援サービスは「飲酒」(アルコール依存症)、「女性」「子連れ」「若者」「複合」「犯罪」に区分されている。ホームレス問題の大きな課題の一つに薬物中毒があるが、まだカーディフには薬物依存者のための二次サービスが用意されていない。二次及び三次サービス(特定者へのサービス)の居所を利用するには、事前のアセスメントが義務づけられている。一次サービスの入居施設を提供している機関では、一次サービスの入居施設の入居者が二次サービスの居所を利用する場合が多い。それ以外にも居住ヘルプ・センター (Housing Help Centre)、ホームレス担当部局、シティ・センター・チームなどの一次サービス・アウトリーチ機関やその他の一次入居施設からの紹介によって二次サービスの居所を利用することができる。施設利用に当たり利用料の支払保障(例えば社会福祉事業などから給付金の支払いが決定している)や前払いが要求される[8]。このことによって二次サービス提供施設の事業採算が経済的に保障されるとともに様々なホームレス支援団体が、費用の照会を通して相互に連絡が密になる。

　三次サービスは特定者(特別なサービスを必要とする者)へのサービスと一般的サービスの二つに区分される。特定者への三次サービスは、二次サービス同様アセスメント(コミュニティ・ケアのアセスメントを含む)後提供される。利用料支払いの保障(例えばコミュニティ基金)や前払いも二次サービス同様、要求される。二次サービスとの対象者の違いは、ホームレス生活者ではなく、もし支援サービスが無ければホームレス状態になるであろう事が予想される者を意味している。サービスは、精神及び肉体的不健康問題と学習困難問題を抱えている者に提供される[9]。

　三次サービスの一般的サービスは、社会的家主(ほぼ住宅協会)が長期間の居住権を居住者が中・短期の生活支援サービスを受けるという条件のもとで提供している。サービスは、フローティング・サポー

---

(8) Homeless needs Assessment Project Draft Audit Report on Support (2001)
(9) Homeless needs Assessment Project Draft Audit Report on Support (2001)

第2章　イギリスにおけるホームレス問題とその支援事業

ト（後述）提供機関や三次サービス提供機関内部で提供される[10]。

　更にホームレス問題を取囲むように様々なチャリティ団体が活動している。そうしたチャリティ団体は、住居を中心とするホームレス問題そのものに対処するというよりは居住の継続や居所の確保を困難にする様々な問題に対処している。サービスの内容は、住居費保障会議のように借家の敷金や家賃を保障する経済的支援、刑事事件に関わる者への助言、コミュニティ・ケアの評価、（薬物、アルコール）依存症への助言、子どもへの支援、生活家具の提供、ケアを離れた若者の支援、路上雑誌販売（物乞いを防ぐため二年を限度に雑誌「ビッグ・イシュー」の販売権を与える。売上金の一定割合がホームレス生活者に分け与えられる。併せて職業訓練なども受けられる。後述）、就業支援、技術訓練、財産を守るための助言、行政内外のサービス情報の提供など広範囲に及んでいる。こうしたサービスが提供されることによってホームレス状態に陥ることの予防、ホームレス状態の悪化の防止、ホームレス状態からの脱却が容易になる。サービス提供者は、チャリティ団体から行政の窓口、様々なプロジェクト・チームと多様である。また、それぞれ団体独自の活動を通してホームレス生活者を発見し、彼らをホームレス生活者支援サービス提供機関に紹介することもある。

　フローティング・サポートは、一般に居住支援サービスであるが建物ではなく居住者に付随するサービスである。ホームレス生活者は、これまで見てきたような様々な居住支援サービスを必要としている。三次サービスのところで述べたように居住支援サービスが無ければ、容易にホームレス状態に陥ってしまう者も多い。少しでもホームレス生活者を少なくするため、居住支援サービスを提供し、徐々に自立した生活を営めるようにするのがフローティング・サポートである。ホームレス支援制度におけるサービス提供期間は、基本的に2年である。その間、ホームレス生活者は一次サービスから二次、三次へと徐々に一般的住居に向けて転居を繰り返す。サービスが建物に付随し

---

(10) Homeless needs Assessment Project Draft Audit Report on Support (2001)

ているとホームレス生活者が転居するたびに生活支援サービスとの調整を行う必要がある。その場合、ホームレス生活者と生活支援サービスの関係がうまくいかず、それまでの成果を引き継げない場合も考えられる。そうしたことを防ぐため居住者に付随するフローティング・サポートによってスムーズな一般住居への移行を促進させる。

　ところで、ホームレス支援サービス及びサービス提供者の立地は、都心に集中している。都心地域は様々な施設が立地し、買い物、レジャーをはじめ多様な生活活動がしやすく、居住意向が高い。居住意向の高い公営住宅はそうした都心の外縁部に立地しており、ホームレス支援サービス及びサービス提供者の立地と一部重なっているが、多くの公営住宅の集中しているコミュニティは、移動手段を持たなければ生活しにくい市域の外縁部に位置し、必ずしもホームレス生活者の需要に応えているとは言えない。そこで居住者のニーズと公営住宅という資源立地のギャップを補うために都心地区にホームレス支援サービス提供者が立地し、支援サービスをホームレス生活者に提供している。ホームレス生活者はこの支援施策の立地を利用して、生活を支えホームレス状態からの脱却を図っている。

（4）　ホームレス支援施策の特徴

　カーディフのホームレス支援策の特徴をまとめておこう。

　第1に、戦略や計画に階層性がある。イングランド、ウェールズを対象とする住居法、ウェールズを対象とするウェールズ政府ガイダンス、ホームレス戦略や住宅戦略計画、カーディフ市を対象とするホームレス戦略や住宅戦略、地域毎に行われる調査や提案書・レポートなどがある。ホームレス問題解決に向けて様々な人々が関わり、理念から方策までを議論することにより、多くの人にホームレス問題が認識され、多くの人の参加による解決の道が開かれる。全体では抽象的で共通的な問題が議論されるが、各地域では具体的で地域の資源に合わせた課題が議論されるため、地域の実情にあった施策が展開されやすい。

第 2 章 イギリスにおけるホームレス問題とその支援事業

　第 2 に、施策に地域的統合性がある。これまで見てきたようにホームレス支援施策の実施は、行政、チャリティ団体、住宅協会など様々な機関が関わっている。様々な機関がばらばらにホームレス支援活動に関わっているのでなく、お互いに得意な能力を提供し合い、一体となって活動している。お互いの連携を高めるために、支援機関がどのような資源を抱え、どのようなサービスを提供できるのかを明らかにするフォームを作成し、各機関に情報提供している。またホームレス生活者の属性も統一フォームに記録し、無駄なインタビューや資源マッチングの遅れを防ごうとしている。支援機関を動かしている人と資金も複合化している。支援機関に働く人々は、常勤、パート、夜勤、日勤、アルバイト、ボランティアなど様々であり、それぞれの人が入れ替わり立ち替わり自分の能力を働かせている。資金も多様である。ウェールズ政府の補助、カーディフ市の補助、様々な基金からの補助、カンパなどが活用されている。

　第 3 に、ホームレス生活者が支援施策を受けるための窓口の多さである。中心地区に散在するフロントライン・アウトリーチを通してホームレス支援施策にアプローチできる。固定された施設だけでなく、アウトリーチとして様々なチームがホームレス生活者とコンタクトを取る。フロントライン・アウトリーチだけでなく他の支援組織からの助言やホームレス支援サービス提供者へのホームレス生活者の紹介もある。様々な方向からホームレス生活者を救おうとセーフティ・ネットが構築されている。

　第 4 に、施設規模の問題である。各々のホームレス生活者支援サービス提供機関の規模は大きくなく、きめ細かな施策が可能である。ほとんどの施設の収容人員は、数十人までで、支援期間後のアフターフォローも比較的容易にできる。しかし、全体のキャパシティとしては十分であるとは言えない。子ども協会のマリー・フリン（Mary Flynn（The Children's Society））は、2 Way street Project のレポートにおいてカーディフでは毎年 124 人（5 歳から 15 歳、人口比では0.3％）が野宿に至っていると推定している[11]。カーディフ市内で提供してい

る居所サービスの規模は、ホームレス生活者と認定されている数や毎日確認されている野宿者数と比較すると大きいが、このように毎年次々と発生する若い野宿者に対応するには足りない。

　第5に、ホームレス支援資源の立地である。ホームレス支援施設が中心市街地に立地している。中心市街地は様々な施設が立地し、ホームレス生活者の生活を支えるのに都合がよいし、ホームレス生活者も集中しているために支援施策の実施も容易である。ところでホームレス支援策の最終目標は、ホームレス生活者を恒久的な住宅で自立生活を維持させることにあるが、公営住宅の多くは郊外に集中しており、恒久的な住宅での自立生活は不便な郊外で展開されることが想像される。しかし、ホームレス生活者が直ちに郊外の公営住宅に居住させられるとは限らない。ホームレス生活者の状況に応じて自立生活の能力の獲得とともに徐々に恒久的な住宅に移行させ、問題の発生を予防している。また、ホームレス生活者が自立したと見なされ、通常の生活を送るようになった後で問題が発生すれば、ホームレス生活者自身がホームレス支援機関などに相談することも可能である。とは言え、移動手段を持たないホームレス生活者が医療・福祉・商業・教育・職場などの施設から離れて生活することは困難である。そこで、登録された社会的家主の住宅を含んだ社会的住宅の配分方法を申請者の選択を基本とした制度に変えるよう提案が為されている。

　第6に、施策の段階性である。ホームレス支援施策が段階的に構成されており、ホームレス生活者が自らの生活をステップ・アップできるように工夫されている。ホームレス生活者が一次サービス提供施設から二次、そして三次、一般的住居へと移行するようにホームレス支援策が段階性をもって構築されている。そして、それらが確実に実現するよう、当事者とともに自立へのプランを作成することが始められている。直接入居施設が野宿者を入居させることによって資金面で運

---

(11)　Mary Flynn, 2 Way street Project, The Children's Society, in Catherine Dimopoulous, SNAP-SHOT 2000, A Survey of Vulnerability In Cardiff City Centre, City Centre Team, 2000

営が困難にならないよう職員がホームレス生活者に様々な給付金を申請している。カーディフ市のダイレクト・ホステルでの恒久的住宅への移行比率は、50 ～ 60％である。この数値は、イングランドで行われたホームレス支援策を受けるために申請した者の恒久的住宅への移行比率30％[12]と比べて非常に高く、施策が効果的に働いている事を示している。イングランドでの調査を詳細に見るとホームレス支援策を受けるために申請した者の恒久的住宅への移行比率は、ロンドンで23％、他の地域で35 ～ 38％である。この数値からホームレス問題の規模および質が深刻化するほどその解決が困難であることが示唆される。

4．ホームレス生活者の自立を目指す「ビッグ・イッシュー」と「フォイヤー」

次にホームレス生活者の自立を支援する特徴ある支援活動として「ビッグ・イッシュー」と「フォイヤー」を紹介しよう。ビッグ・イッシューは、路上のホームレスを支援する活動として、フォイヤーは若年ホームレスに居所と支援を同時に提供する事業として有名である。

（1） ビッグ・イッシュー
1）ビッグ・イッシューの成立ち

ビッグ・イッシュー・カムリ（ウェールズでのビッグ・イッシュー）の紹介カタログ[13]にビッグ・イッシューが次のように紹介されている。

ビッグ・イッシューは1991年にロンドンでボディ・ショップの代表であったゴードン・ロディック（Gordon Roddick）の助けを借り、ジョーン・バード（John Bird）が設立した。雑誌は，ホームレス生活者と一般の居所に居住し始めたばかりの人々に少なくとも定価の

---

[12]　Brain O'Callaghan et al., Study of Homeless Applicants, HMSO, 1996, p.48-51
[13]　ビッグ・イッシューのパンフレット

50％の賃金を獲得させて販売される（ロンドンでは、ホームレス生活者の販売員が4でビッグ・イッシューが6に配分されている）。雑誌は拡大するホームレス問題への対応として始められ，ホームレス生活者に物乞いの代替手段として提供された。組織の目的は単純で、ホームレス生活者の自助である。それは，ホームレス生活者に正当な収入を得ることや金銭的な安定を獲得させること，そして自尊心増大の機会を与えることである。

目的達成のためにビッグ・イッシューがホームレスの販売者に雑誌を作成している。雑誌は一般的な関心事などを掲載し，イギリス全土で毎週百万人以上に読まれている。「ビッグ・イッシュー」は最も評価されるべき雑誌の一つになり，興味深いインタビューを掲載しているものとして、ますます人々の間でその存在が認識されている。

ビッグ・イッシューと販売者の関係は「卸」と「小売」の関係と同じである。全ての販売者は自営であり，自ら行動しなければならない。販売者は厳しい規則に従わなければならないし，それらに違反すれば販売員としての資格を失う。

ビッグ・イッシューがロンドンで設立されて以来，スコットランド，ウェールズ，北部イングランド，そして南西イングランドへと広がった。またオーストラリア，南アフリカ，そしてロスアンジェルスなど海外（日本では2003年より）でも始められ，ヨーロッパ中の他のストリート・ペーパーを支援している国際路上雑誌ネットワーク（International Network of Street Papers）に加わっている。

2）ビッグ・イッシュー・カムリ

ビッグ・イッシューは、このように様々な地域に広がっているが、そのうちウェールズに設立されたビッグ・イッシュー・カムリについてパンフレットは、次のように紹介している。

ビッグ・イッシュー・カムリ有限会社は，独立した会社で1994年5月にカーディフに設立された。その目的はビッグ・イッシューと同じで、ウェールズでの雑誌を製作している。その雑誌は他のビッグ・イッシューと同じであるが，ウェールズで作制されたことが強調され

第2章　イギリスにおけるホームレス問題とその支援事業

ている。ビッグ・イッシュー・カムリは、1ポンドで販売者は50ペンスで購入することになっている（2001年には、1冊1ポンド20ペンス）。

独力で稼ぐことで販売者が、自尊心と自信を取り戻すことができる。多くの者が恒久的な居所を見つけ、ビッグ・イッシュー・カムリが提供した機会に感謝している。

ビッグ・イッシュー・カムリは、カーディフ、ニューポート、スウォンジー、バンゴー、そしてアブリツウィスの5つの分配事務所を持っている。それらの事務所が北部、南部そして西部ウェールズに雑誌を分配している。販売者が雑誌を事務所に取りに来て各地で販売している。全体で毎週14000部販売している。ビッグ・イッシューは23人の雇用者および労働者と500人以上のホームレス生活者（日平均70人）で運営されている。

3）ビッグ・イッシューの目的

ビッグ・イッシューの目的をそのホームページ[14]はつぎの5点にまとめている。

① 自助の機会を通して正当な収入をホームレス生活者に稼がせるように勤める。
② ホームレス生活者を支援するサービスに投資し、ビッグ・イッシュー販売者の自助に勤める。
③ メディアにおける発言の場を提供する。
④ 他のメディアに見過ごされている生活に密着した課題に読者を惹きつける質の高い雑誌を発刊する。
⑤ ホームレス問題に対する社会事業や伝統的なチャリティーへの代替機会を提供する。

目的⑤に示されるようにビッグ・イッシューは、社会的な運動としての性格を備えている。ビッグ・イッシューは、様々な活動を通してある種の革新的な社会変革を起こそうとしており、それに呼応する若者に訴えようとしている。そのため様々なキャンペーンを行っている。

---

[14] http://www.bigissue.com/bigissue.html, 2003.10.14

ビッグ・イッシュー設立10周年を記念して発刊された書籍[15]によると、たとえば、79万戸の空家にホームレスを住まわせるキャンペーン（the Empty Homes Campaign（EHC））や野宿者に選挙権を要求するキャンペーンなどを行った。ノッティング・ヒル・ハウジング・トラストと共同でトラストが抱えていた改修（約25,000ポンド／フラット）の必要な住居にホームレス生活者を住まわせるキャンペーンを1994年10月に実施した。このキャンペーンで1996年の3月までに8人の販売人を入居させている。

ビッグ・イッシューの活動が全ての路上生活者を助けられるわけではない。しかし活動の効果として犯罪の減少に貢献している、と言う。また、同書[16]は、野宿者に路上で犯罪を起こさせず、社会にとどめて雑誌を販売するなどの活動させることは、野宿者を犯罪者として刑務所に入れるよりもはるかに社会的コストが削減される、と評価している。

ビッグ・イッシューの事業の主な目的は、ホームレス生活者たちに単に一晩の寝る場所を提供するだけではなく、社会的な再活性化、ホームレス生活者の経済的自立、ホームレス生活者を技術を身に付けることに向かわせることである、という。

4）雑誌「ビッグ・イッシュー」

雑誌としてのビッグ・イッシューをもう少し詳しく紹介しよう。ビッグ・イッシューは次々と他の地域に拡大しているが、パンフレットからビッグ・イッシュー・カムリの編集方針を紹介しよう[17]。

ウェールズに関して編集することはもちろんであるが、すべての人が興味を持つテーマを扱っている。ニュース、特集、著名人（俳優、タレント、スポーツマンなど様々なジャンルの人々）のインタビューなどがある。例えば、ウェールズの問題でビッグ・イッシューが始めて

---

(15) Tessa Swithinbank, Coming up from the street, Earthscan Publication, 2001, p.81-82

(16) Tessa Swithinbank, Coming up from the street, Earthscan Publication, 2001, p.127

(17) ビッグ・イッシューのパンフレット

遺伝子組み換え食品の危険に着目したり、ウェールズに多くの人々が投資している中でウェールズ経済が危機に面していることに警鐘を鳴らしたりしたのである。妊婦の辛い状態、精神治療のトラウマ、家庭内暴力などなど普段の生活の中で直面している様々な問題を追求している。「ビッグ・イッシューは慈善や寄付事業ではない。物乞いせずにお金を得ることを目的としている。そのために誰もが読みたいと思うものを書く」のである。

ビッグ・イッシューは、全英で120万人が、ウェールズで45,000人が読んでいる政治、社会、そして一般的な話題を特集している雑誌になっている。音楽、クラブ、映画、芸術などあらゆる分野をカバーしたイベントを紹介している。ウェールズで行われるあらゆる分野の興行主の広告。例えば、聖デービッド・ホール（St. David's Hall）（新しいコンサートやミュージカルなどを上演できるホール），ニュー・シアター（'New Theatre）（ミュージカルや劇などを上演できる劇場），シャーマン・シアター（Sherman Theatre）（特に子供向けのこぢんまりとした劇場）での興行予定が掲載される。広告として Virgin Megastores, BT, Levi's, The Body Shop, Halifax Building Society などが掲載されているが、42％の読者が毎週購読し、26％が少なくとも月2回購買しているので広告効果が大きい。

5）販売者への方途

販売者になる方法をパンフレットから紹介しよう[17]。

販売者になろうとする者は，本人がホームレス生活者であることを証明しなければならない。ホステルや入所している施設からの紹介状を持参するか，地域自治体にホームレス生活者として登録しなければならない。自治体がホームレス生活者であると認めれば，雑誌を売る資格を得ることができる。

ウェールズでビッグ・イッシュー販売者となるには二つの段階がある。最初に雑誌を売る際に従わなければならないルールを説明してくれる分配マネージャーに会う。そして販売サービス担当者に会う。彼らは，自分たちの役割を説明したり，どのように販売者に支援や助言

を行うか，を説明したりする。

販売者になれば，厳しいルールに従わなければならず，そうできなければ資格を失う。販売者は地域事務所から販売場所の許可が与えられる。場所のルールは，販売スタッフによる定期的な巡回によって維持される。販売者は，通常2年間（ウェールズの場合，ケースによって資格期間の更新は妨げられない）だけ雑誌の販売が認められ、その間定期的に販売者の状態がチェックされる。

新しい販売者はまず2週間の観察期間があり、販売のコーディネータから訓練を受ける。

6）ビッグ・イッシューのホームレス生活者支援

ホームレス生活者は、単に住居を失っているだけでなく、ドラッグ（薬物依存症）、アルコール依存症、メンタル・イルネス（精神的不健康）などの問題を抱えている。そのため雑誌の販売だけでは、社会生活を続けられない。『路上から』(Coming up from the street)[18]によると、販売員が様々な問題を抱えたときに支援を行う販売員サービス・チーム（The Vender Service Team；以下 VST）が形成され、住居に関する相談、緊急・一時的・恒久な居所の紹介、再定住の支援や福祉権利の相談、アルコール依存症、ドラッグ（薬物依存症）、メンタル・イルネス（精神的不健康）を含む専門的な機関への紹介などを行っている。1999年に1000名を超えるビッグ・イッシュー販売人のうち600人が、ビッグ・イッシュー財団のサービスを受け、VSTチームが120名を再定住、220名にカウンセラーを雇ったり、路上生活者をドラッグ（薬物依存症）の専門家に照会したりするなどの支援を行った。

1995年に設立されたビッグ・イッシュー・カムリ財団の活動をパンフレットから紹介しよう[19]。

ビッグ・イッシュー・カムリは、ウェールズで2名の職員を雇用し、カーディフ及びスウォンジーを中心に他の地域の事務所に出かけ、支援活動を行っている。支援活動は、緊急支援に集中しているが、「社

---

(18) Tessa Swithinbank, Coming up from the street, Earthscan Publication, 2001, p.129
(19) ビッグ・イッシューのパンフレット

会生活への移行戦略」(Move on strategy)(販売者の将来，移行する方法、ホームレス生活からの脱却など)をも構築している。「社会生活への移行戦略」の一部として雑誌を売る前に、販売員サービス・ワーカーからインタビューを受けなければならない。このインタビューで販売員候補者に「社会生活への移行戦略」の概略が説明され、販売員候補者の緊急及び中期のニーズが把握される。こうした販売員のアセスメントを3ヶ月ごとに行い、問題への対策を執り行う。そのアセスメントとアセスメントの間、販売者は販売員サービス・ワーカーにいつでも連絡することができ、状況の変化に応じた対応が執れるように工夫されている。販売員サービス・ワーカーは、総体的な方法でホームレス生活者がホームレス状態から脱却できるように取り組む。すなわち、訓練や教育そしてその他の特別なサービスを展開する。例えば、就労への復帰、ボランティアの機会を作ること、居所の保障、新しい履歴を作る資金への応募、仕事の機会や仕事を始めることなどである。

ホームレス生活者が居住を維持できない大きな理由のひとつに職業的資格や技術の欠如がある。そこでホームレス生活者への職業訓練や教育が必要になる。

『路上から』[20]によれば、ビッグ・イッシューは、1999年に98人を就業させ、3事業を起こし、15人をボランティア・ワークに就け、122人を外部訓練に通わせている。ビッグ・イッシューの企画する職業訓練は、政府のそれとは違うという。特別な時間割でホームレス生活者のペースで訓練する。そして条件が許せば、最終的に通常の労働時間への移行が行われる、と言う。このプログラムには、20歳から60歳までのホームレス生活者が参加しており、特に女性はITに関心を示している、という。

このプログラムは簡単には終わらない。担当者(Robyn)は次のように説明する。「記録を見て16ヶ月働かなければならないことが分かった。居住にかかわるすべての事、職業前訓練、衣服、履歴書、そ

---

(20) Tessa Swithinbank, Coming up from the street, Earthscan Publication, 2001, p.131-146

して彼に適した場所を探すこと。とても長い期間です。」

また居所にまつわる支援サービスの大切さを次のように説明している。「……彼らがホステルに住んでいたらアフォーダブルな住宅に住むまでは、ほぼ就労不可能である。……ハウジングチームやドラッグ（薬物依存症）、アルコール依存症、メンタル・イルネス（精神的不健康）などの専門家と協力している。」

路上生活者が社会生活を営もうとする場合に障害となるのが、銀行口座の開設問題である。住所がないため、銀行口座が開設できない。結果として様々な社会的ネットワークを築くための信用を証明できず、いつまでたっても社会的な生活を築けない。そこでビッグ・イッシュー・スコットランドとスコットランド銀行が、販売員のバッチ、紹介状、保険証、出生証明書で口座開設を認める、と言う画期的なプロジェクトを発足させたという。

その他、様々な活動が行われているが、雑誌記事の執筆は、ホームレス生活者を勇気付けるだけでなく、多くの作家も育てている。また、他分野との連携も忘れてはならない。ホームレス生活者が受け取れる給付金問題、警察との協同、他の組織と提携しなければ解決できない問題など残されている課題は多い。

7）資金及び基金[21]

ビッグ・イッシューの活動資金は、雑誌「ビッグ・イッシュー」の販売、その他の法令による基金（1999年に11％、2001年に20％）、ラフ・スリーパーズ・ユニット（RSUから20万ポンド）などからの補助がある。

また、雑誌読者からの寄付、皇太子信託（the Prince's Trust）など他の組織からの寄付、賛助会費などもある。賛助会費は、アウトリーチ・チームの発展やホームレス販売者の販売を改善させるために直接使われる。

（2）フォイヤー

---

[21] ビッグ・イッシューのパンフレット

ビッグ・イッシューと対照的な若年ホームレス支援活動がフォイヤーである。フォイヤーを一言で言い表すと「居所と職業訓練などのサービスを一体化した施設」である。

　フォイヤーは、フランスで農村地域から都会に出てきた若者に仕事を与える事業として第二次世界大戦後に始められ、1991年、シェルターによってイギリスに伝えられた。シェルターは、イギリスに比べフランスに若年ホームレスが少なかったので、「フォイヤー・ネットワークが若年ホームレス対策に効果があるのではないか」、と考えた。フォイヤーは若年ホームレスの「家なし、無職、家なし」のサイクルを壊すための一つの方法として導入された。本格的な導入に先立ち、1992～1994年にフランスのフォイヤーに似ているＹＭＣＡホステルでパイロット・プロジェクトが展開された。そして1990年代の9年間で100以上のフォイヤーがイギリス国内で設立され、フォイヤーを離れた若者の75％が、働いているか、学んでいる状態となった。フォイヤーの施設の規模は、ウェールズの4ベッドの施設からロンドンの200ベッドの施設まで多岐に渡る。フォイヤーが他の住居プロジェクトと違う点は、総体的なアプローチ（holistic approach）で若者に屋根を与えるだけでなく、彼らの必要とするものに広く対応するということである。

　フォイヤーの報告書[22]の扉にフォイヤーの性格を紹介する文章が掲載されている。

　「全ての若者は住居、支え、そして自立した生活、学習、仕事に移行する踏み台を必要としている。ある者はそれらを持っておらず、フォイヤーがそのギャップを埋める。」

　フォイヤーは、個別の手助け、基本的な生活技術の助け、そして訓練と雇用の機会とともに安全で廉価な住居を提供している。フォイヤーは目的的なコミュニティ環境を提供することを目的としている。その環境とは、ホームレスや不利益を抱えた若者が経済的な自立、可

---

(22) Foyers and Health Services Working Together to promote better health for young people

能性の実現，コミュニティ生活に充分に参画できることを意味する。フォイヤーは以下の3項目によって定義づけられる。

① 16～25歳の不利益を抱えた若者を助けることを目的としている。彼らはホームレスや住居困窮者でその彼らを依存から自立へ移行させる。
② 若者の必要性へのアプローチは包括的である。フォイヤーは総合的なアクセス，ミニマム（生活を維持するのに必ず必要なもの），廉価な居所，訓練，ガイド，個人の能力開発，そして職業探索を提供する。
③ 若者との関係は，公式の合意に基づく。それは、フォイヤーの施設と地域コミュニティの資源がどのように若者の自立への移行に使われるのか，フォイヤーでの居住状態がどのように関わるのか，と言うことである。

フォイヤー年報（1999/2000）[23]によると，フォイヤーの入所者の43％は野宿者であり，43％は少なくとも一度は家出を経験している。50％は，何の資格も持たず，更に33％は学校教育から一時的であれ疎外されてきた。そして17％が14歳までに学校を止め，25％が怠学の履歴を持つ。

30％が3ヶ月以内に退所するが，入所時39％の教育・訓練・就労に就いている比率が，退所時には75％に上昇している。フォイヤーは若者に未来を見るように仕向ける。つまり何がしたいのかを考えさせる。あるマネージャーはそれを「夢に向かって進ませる（to go for the dream）」と言い表している。そのためにフォイヤーはキャリア・アドバイスを行い，支援する。ワーカーと当人が協同で行動計画（Action Plan）を作成し，短期・中期の目標を定め，働き・学び，成人の生活のための技術を身に付けることに励む。その過程を通して自信と自尊心が身に付く。

教育や職業訓練は他の機関や事業との連携でも行われている。フォ

---

(23) フォイヤー年報（1999/2000）

第2章　イギリスにおけるホームレス問題とその支援事業

イヤー入所者の30％は「18歳から24歳までのニューディール」（イギリス政府の実施している職業訓練事業）に関わっている。そうした者の中には，スポーツコーチになったり，高等教育に進んだり，航空乗務員となって世界を回る者もいる。

　フォイヤーは地域住民が利用できる施設を作った。これはフォイヤーの入居者を地域住民に溶け込ませると言う意味とフォイヤーの地域住民支援の両方の意味がある。地域施設にはカフェ，スポーツ施設，会議室，保育施設そして録音スタジオなどがフォイヤーの資源，立地，需要に対応して含まれる。地域のカレッジとの連携もなされている。

　デボラ・キルガードとイザベル・アンダーソン[24]によると、フォイヤー活動による若者ホームレスの自立には「結果ではなく自立に向けての訓練の過程が重要であること」、その過程は「フレキシブルで様々であってよいこと（あらかじめ決められたリニアな過程、つまり「まず居所、そして仕事」という順序でなくてよい）」であると述べている。そしてそのための場としてフォイヤーの評価は非常に高いと、している。しかし、せっかくフォイヤーで様々な能力を身に付けたり、学習に取組みはじめた若者を受け入れる住居の欠乏や社会の問題はフォイヤーだけでは解決できない、という。

　一方、ビッグ・イッシューの活動は、特定の施設に依拠するわけではなく、地域に広がった雑誌販売を基礎としているためフォイヤーとは異なり、活動に地域的な広がりと社会的なインパクトを持つホームレス支援活動である、と言える。

結　び

　現在のホームレス問題は、単純な住宅不足という住宅問題だけではない。「経済構造の変化」「人口構造の変化」「政策環境の変化」「個人

---

[24] Deborah Quilgards and Isobel Anderson, Addressing the problem of youth homelessness and unemployment The condition of foyers, in Roger Burrows, Nicholas Pleace and Deborah Quilgards (eds.), Homelessness and Social Policy, Routledge, 1997, p.216-228

的問題」が関与し、主に若年単身者に生じている複雑で長期的な社会問題である。ホームレス対策を効果的に実施するためイギリス全体で職業訓練の実施、優先条件の対象年齢の切り下げ、生活技術の支援、多分野・団体の連携、ホームレス状態の予防、ホームレス戦略・計画の立案などを実施しているが、カーディフを例に検討してきた地域における階層的、広範囲な機関の連携がなければホームレス生活者が社会の主流にもどることは困難である。また、「ビッグ・イッシュー」や「フォイヤー」のように複雑に絡み合ったホームレス問題を様々な側面から取組み、個人の尊厳と自信を取戻させることも現代社会には必要である、と言えよう。

　現在日本で実施されている多くのホームレス支援策は、ホームレス生活者をあるモデルにあてはめて実施されているが、それは個々人の条件や資質を踏まえないために、ホームレス生活者が生き生きとした生活を取り戻すことを困難にしている。更に困難なことに日本のホームレス生活者の多くが高齢である。しかし、そうであってもその人の能力を活かし、社会の一員として受け入れる（活躍してもらう）場はある。全ての人々が自分の能力を社会のために提供して社会参加するには、丁寧に個人に合わせてそうした環境を探したり、サポートしたりする仕組みが必要である。

　適切な居住が、全ての人々の幸せに繋がるという居住福祉を実現するには、居住を保障する適正な空間としての住居が必要なことは言を待たないが、全ての人々が適切な住居で暮らせる社会の仕組みも必要である。ホームレス問題は、個々社会構成員と住居という空間を結び付ける社会の仕組みの綻びを表わしている。その仕組みの再構成には、ホームレス問題が複合的な要因であるために、緻密な施策が必要とされる。

第3章 サンフランシスコ市貧困地区テンダロイン
　　　のホームレス問題・居住問題

吉 田 邦 彦

一　はじめに
　　　——テンダロイン地区における聖アントニー財団
　　　　　訪問録（その奉仕活動の数々）

　(1)　本年も、年頭（2005年1月）の全米ロースクール教員会議に出席したが、今回は西海岸サンフランシスコ市で行われた。西海岸のときには、同市のヒルトン・ホテルで開催されるのも恒例であるが、同ホテルはSFの貧困地区テンダロイン（Tenderloin）に接して聳える_{そび}ようにして建っている。

　日本の法科大学院とアメリカ・ロースクールとの間には、核心的なところで種々の「深淵」があることを、かつて書いたことがあるが[1]、その内の一つに、アメリカ合衆国のロースクールでは、低所得者支援活動（そうした活動を通じての実践的法学教育〔clinical legal education〕）が行われているということがある。そして今回の会議でのそうしたプロ・ボノ活動のセクションの特別企画として、サンフランシスコの貧困地区テンダロインで、過去50年余りも、ダイニングルームにおける昼食時の給食サービス（1950年の開始時には400食であったが、現在は、1日2,400食にも及んでいる）、その他の慈善奉仕活動を行っている聖アントニー財団（St. Anthony Foundation）を訪れるというのである。

　筆者は、一昨年のハーバード大学滞在時に、ボストンの住宅問題を若干勉強し、貧困地区であるドーチェスター、ロックスベリ、ジャメ

---

(1)　吉田邦彦「ハーバード・ロースクール気質——日米ロースクールの深淵」カウサ9号（2003）（本稿は、元は、北大法学研究科付属高等法政教育研究センター報13号〔2003〕に「海外便り」として掲載されたが、一読者の要望により転載されたものである）。

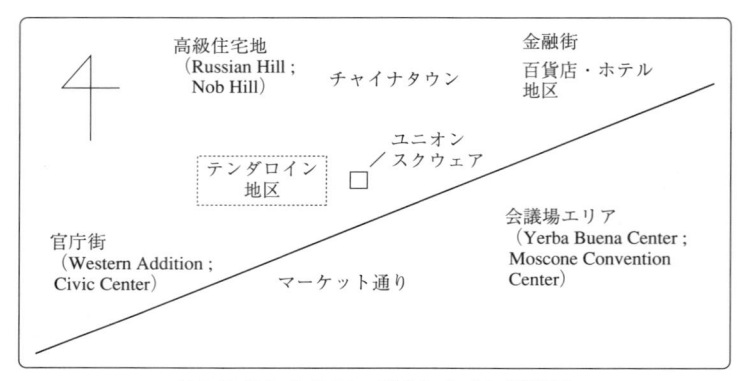

```
┌─────────────────────────────────────────────────┐
│        高級住宅地            金融街              │
│  4    (Russian Hill;  チャイナタウン 百貨店・ホテル │
│        Nob Hill)                    地区         │
│                         ユニオン                 │
│              ┌─────┐   /スクウェア              │
│              │テンダロイン│ □                     │
│              │地区  │                            │
│              └─────┘        会議場エリア         │
│    官庁街                    (Yerba Buena Center;│
│   (Western Addition;         Moscone Convention  │
│    Civic Center)  マーケット通り  Center)        │
└─────────────────────────────────────────────────┘
```

サンフランシスコ・ダウンタウン概略図

イカ・プレイン等の再生状況を考察したことがあるが[2]、サンフランシスコ市は、ボストン市、ニューヨーク市と並んで三大住宅高騰・高家賃都市であり、全米切っての観光都市である。しかし反面で、同市のホームレス状況も最悪だとして近年議論されることが多く、ガイドブックなどには出てこない貧困集積地帯テンダロイン――「二重都市」(dual city)の裏側である低所得者のドヤ街(スラム街)――において、地道な奉仕活動を行う団体として知る人ぞ知る存在の故アルフレッド・ボエデッカー(Alfred Boeddeker)牧師[3]創始の慈善団体を垣間見る貴重な機会として、迷わず参加した。

(2) それでは、サンフランシスコのホームページでは、「SF最悪の近隣(neighborhood)」ないし「SFの高級化(gentrification)傾向が及ぶ最後のフロンティア」などと紹介される[4]テンダロイン地区とはどのようなところであろうか。

---

(2) 吉田邦彦「アメリカの居住事情と法介入のあり方(とくにボストンの場合)(一)～(三・完)」民商129巻1号～3号(2003)〔同『多文化時代と所有・居住福祉・補償問題』(民法理論研究 第3巻)(有斐閣、2006)所収〕。

(3) ボエデッカー牧師の伝記及び聖アントニー財団を通じての同氏の慈善活動については、MADELINE HARTMANN, THE MAN BEHIND THE MIRACLE: THE STORY OF ALFRED BOEDDEKER (Lost Coast Press, 2000) 24 ～参照。

(4) See, http://www.sfgate.com/traveler/guide/sf/neighborhoods/tenderloin.shtml

第3章　サンフランシスコ市貧困地区テンダロインのホームレス問題・居住問題

　ここは、SF市ダウンタウンのマーケット通り北側に位置する40ブロックほどの地区であり、官庁街（シビックセンター）、百貨店・ホテル地区（ユニオン・スクウェアー）、高級住宅街（ノブヒル、ラッシャンヒル）、会議場地区（ヤーバブエナセンター等）に囲まれた貧困地区であり、約2万数千人が居住し、多数の小規模のSRO（一室居住）（single room occupancy/residential hotel rooms; rental apartment）が存在して、低所得者の居住スペースを提供しているが、後述するように、ここ2、30年でかなり減少してきている（サンフランシスコ市で、SROは、1975年には3万3,000戸あったが、1998年には1万9,000戸、そして現在では1万5,000戸ほどになっている）。近年は都市部（ダウンタウン）のオフィスビル化、上・中流層の回帰に伴い「高級化」「住宅価格高騰」が進み、それを受けて、SROをマンションや観光客向ホテルに「改造」（conversion）する動きが顕著で、ホームレス問題を深刻化させているのである（サンフランシスコのホームレス人口1万数千人のかなりの部分が、このテンダロイン地区に集積している。ちなみに、同市のシェルターは3,400人分くらいしかない）。

　人種構成的には、当初は、ドイツ系移民が多かったが、今日では、アフリカ系アメリカ人及び（1980年代以降に増加した）東南アジアからの移民（難民）が主要な構成要素をなしており（そして、前者に麻薬中毒者が多いとのことである）、さらに、ラティノ（ヒスパニック）、ロシヤ系などである[5]。

　(3)　聖アントニー財団は、ゴールデン・ゲート・アベニュー（Golden Gate Ave.）とジョーンズ通り（Jones St.）の交差点に——聖ボニファス教会に隣接して——位置し、前述のとおりそのダイニングルームでの給食サービスは50年もの歴史を持ち、サンフランシスコ

（5）　以上については、主に、CHESTER HARTMAN, CITY FOR SALE : THE TRANSFORMATION OF SAN FRANCISCO (U. California P., 2002 [revised and updated edition] [1 st ed. 1984]) 366～: Rob Waters & Wade Hudson, *The Tenderloin : What Makes a Neighborhood*, in : JAMES BROOK ET AL., EDS., RECLAIMING SAN FRANCISCO (City Lights Books, 1998) 301～によっている。

でのこの種の最古かつ最大の慈善団体であり（さらに、同地区のグライド記念教会の活動なども有名である）、お昼どきになると、その建物を長蛇の列の人々が取り巻き、さながら大阪釜ヶ崎の三角公園などでの行列を想起させる。同財団には、これ以外にも10余りのプログラムが存在し、①医療サービス、②薬物中毒からの回復・更正施設としての聖アントニー農場（ペタルマ市に所在）、③職場復帰・職業訓練サービス、④高齢者、精神障害女性の居住施設、⑤衣類・家具のリサイクルセンターなどが目立ったものである[6]。

財団に関係するスタッフは150人（この内ダイニングルームには13名、職業訓練プログラムには25名）、ボランティアもほぼ同数であり（暫時的なボランティアも含めればかなり多い）、予算規模は1,400万ドル（その10〜11％が間接諸経費）で、すべて民間ベース（すなわち寄付・遺贈等）によっているとのことで、改めてアメリカにおける寄付文化[7]の根強さを思い知らされる。

(4) さて、学会企画に参加したロースクール教員たちは、分散して長蛇のホームレスの人々（を中心とする給食サービス受給者）の中に混ざって昼食をとることになった。ダイニングホールの雰囲気は明るく、ボランティアの人々は甲斐甲斐しく働いている。昼食（メインディッシュ、サラダ、パン、フルーツ、ジュースなど）も美味しくいただいたが、われわれはテーブルをともにした人々に声かけをしてコミュニケーションをとることになっている。筆者の右斜め前の人は、中毒症状のためか眼も虚ろなので、会話をするという雰囲気ではないが、正面ないし左前に座った大柄の男性二人は直に、陽気に話しかけてきた。自分はここが好きで遠方から公共機関を使ってやってきたとか、

---

(6) この詳細は、HARTMANN, *supra* note 3 の他に、聖アントニー財団のホームページ（http://www.stanthonysf.org）によられたいし、その活動を紹介したビデオ（St. Anthony Foundation : This Could Be My Story（Terry Strauss/Erin Crysdale Production, 1997）が有益である。
(7) これについてはさしあたり、吉田邦彦「贈与法学の基礎理論と今日的課題」同『契約法・医事法の関係的展開』（民法理論研究 第2巻）（有斐閣、2003）251頁以下参照。

第3章 サンフランシスコ市貧困地区テンダロインのホームレス問題・居住問題

1989年の地震のメカニズムとかを、かなり一方的にしゃべっている。他方で、右隣りの方は、終始俯き加減で黙々と食事を摂っていたが、夕食用なのか、パンの一部を持参の袋に詰めていた。帰り際に、握手をして挨拶をすると、訥々とした語り口で、「自分は医薬品の供給の仕事に従事していたが、9・11のテロ以来すべてなくなってしまった。」とのことであった。スタッフによれば、ホームレスとは言っても、相当程度の教育を受けている人が多いとのことである。

昼食後われわれは、いくつかのグループに分かれて、この財団の諸種の活動プログラムに参加することになり、筆者は、衣類・家具リサイクルプログラムに配属されて、大量の衣類仕分け作業に加わることになった。恰度クリスマス休暇明けでドッサリ寄付衣類が蓄(たま)っていたということもあるが、この国におけるリサイクル文化の定着ぶり、そしてこの種の仕分け作業がいかに時間、労力を要することであるかを痛感した。

さらに、筆者はその数日後、障害者女性用のシェルターないし更生施設（マリオン・レジデンス。ここでは三食が提供され、くじによって入居者が決められるが、基本的に無償で、諸種のケースマネージメント・プログラムが展開されている）も訪問し、ここには家庭内暴力の避難所としての機能もあるとのことであった。

二 給食サービス受給者の特徴及びホームレスの背景・諸議論

1 ダイニングルーム利用者の特徴

財団が出している報告書[8]によれば、ダイニングホールへの訪問者（利用者）の特徴としては―― 1995年当時と比較して――第1に、単身者が多いが、近年は高齢者、子連れが急増しており（各々6％から

---

(8) St. Anthony Foundation, 2002 Guest Survey Report (2003) 1-2.

32%、0％から40％に増えている)、第2に、退役軍人(例えば、湾岸戦争経験者)が3分の1を占め、心的外傷後ストレス障害(PTSD)などもあり、精神障害者も多いことが指摘されている。そして、第3に、「ひもじさ(欠食)」(hunger)が切実な課題であり、第4に、月収は700ドル以下でホームレスの人が倍増しているとのことである。

そしてその背景も分析しており、その主要因子として住宅費用の急騰(SROが250ないし300ドルから500ないし800ドルに、スチュディオ〔ワンルームアパート〕は605ドルから1,067ドルへ、ワン・ベッドルームアパートが、784ドルから1,382ドルに、この数年で騰貴しているし、SROの数は1万8,416戸から1万6,093戸に減少している)及び雇用問題(ゲストの半分は失業している)を挙げている。失業者の7割はホームレスであり、再雇用に際しては、住宅欠如(住所、電話、シャワー、衛生の欠落)による支障は大きいとして、雇用・職業プログラムでは、電話・ファックス・Eメールの便宜、衣類・靴・シャワー・散髪・クリーニングの利用、雇用訓練の斡旋をはかっているとしているのである[9]。

2 SFでのホームレス増加の背景

サンフランシスコ市におけるホームレスは近年著増しており、ここ数年(ないし10年)で2倍になったとされる[10]。そしてその理由としては第1に、低廉住宅(affordable housing)の激減という事情があり、そこには、(a) 1980年代以降アメリカ各都市に見られる構造変化である「ポスト産業化〔ポスト工業化〕」現象として、オフィスビルが席捲することとなり(サンフランシスコの変貌ぶりについては、次頁写真参照)、それに対応して上・中流階層が都市部(ダウンタウン)に回帰するようになったということがある(ベイエリアの問題として、シリコン・バレーのITビジネス関係者の若者層が、SF市での居住を志向するようになり、高速道路の渋滞も拍車がかかっているとされる)。当然のご

---

(9) *Id.* at 5-7.
(10) HARTMAN, *supra* note 5, at 375-76.

第3章　サンフランシスコ市貧困地区テンダロインのホームレス問題・居住問題

とく「高級化」(gentrification) ないし、「住宅（不動産）価格、家賃の高騰」が進行・激化し、(b)それに伴って、テンダロインのようなスラム街（ドヤ街）(skid row) に従来数多くあった安ホテル(SRO)の「改造」(conversion)（コンドミニアム〔日本におけるマンション〕への改造と観光客用ホテル〔tourist hotel〕への変更〔touristification などと言われる〕とがある）により低廉住宅ストックが削減され、さらには、(c)公共住宅、家賃補助などの政府の居住支援プログラムも後退しているということも重なっている。

また言うまでもなく第2に、雇用事情の悪化も指摘できる。すなわち、前述の都市の脱工業化とともに、ブルーカラー層の製造業から低賃金サービス業へという職種変更に伴い、その実質的賃金は低下し、さらにグローバライゼーションの進行により国内外から安価な労働力が供給されるようになり、また時期的に日本に先立って、非定型雇用形態が浸透しているから、流動性・不安定性は高く、経済不況の波も受けやすい（これに9・11テロ以降の移民への悪影響なども追撃ちをかけている）。さらに退役軍人の就職難もこれに競合している。

その他第3に、麻薬中毒者などの蔓延とこれに対する施設的対応の不充分さ、さらには第4に、離婚等による家族の崩壊や、家庭内暴力という事情も関係していることも、広く論じられているところであろう[11]。

3　ホームレス問題を巡る諸議論

(1)　公共空間の問題

ホームレス問題に関する議論には幾つかのレベルのものがある（本

---

[11]　ホームレス問題一般を論じたものであるが、例えば、CHRISTOPHER JENCKS, THE HOMELESS (Harvard U. P., 1994) 21〜では、住宅市場以外の要素を強調するが、その中に「ドヤ街」（貧困地区）の崩壊も入れている (61〜) ので、本稿における住宅問題のファクターはやはり大きいと言える。さらに、PETER ROSSI, DOWN AND OUT IN AMERICA : THE ORIGINS OF HOMELESSNESS (U. Chicago P., 1989)（低所得者向け住宅ストックの増加の他に、障害者・低所得者に対する福祉プログラムの拡充を説く）も参照。

稿では、本項で論ずる公共空間論以外に、彼〔彼女〕らの居住に対する権利、〔公共的〕法律家の役割などを検討する)。ここでまず見ておきたいのは、ホームレスによる公共空間の利用の仕方として、所有論の一環で説かれる論議である。

すなわち、ロック的な私的所有論の論法（ここでは近年有力な「但し書」による平等主義的な有力解釈〔タリー教授〕は捨象して、排他的な労働理論〔労働投下の見返りとしての個人的所有権所得〕を指している）で空間が埋め尽くされていくと、ホームレスの人々の「居場所」はなくなっていく。そこで公共的所有物（例えば、街路、公園、地下鉄〔地下道〕、公共的シェルター。また、ショッピング・モールなども公共空間に準ずるものとなっている）は、どのようにホームレスの人々に開放させるべきかについては見解の対立がある。

保守的なリバタリアン（自由、所有物〔私的財産〕尊重論者）は、こうしたものはすべて私的に――ないし排他的に――所有・帰属されるべしとするが（例えば、ロスバード教授）(12)、J・ウォールドロン教授（コロンビア大学）などを始めとする進歩的な所有法（物権法）の論客は、社会の所有スキームのあり方として、「所有財産のない」（propertyless）人々を作り出すことは誤っていると述べている。つまり、それは貧困者の基本的自由（安心して、睡眠、用便〔放尿・排便〕する自由等は、積極的に政府にコミットする以前の消極的自由であり、且、自律〔自立〕の前提条件をなすものでもある）に反するから、公共所有物への彼ら（彼女ら）のアクセスを充実させるべきだとするのである(13)。

---

(12) E. g., MURRAY ROTHBARD, FOR A NEW LIBERTY : THE LIBERTARIAN MANIFESTO (Macmillan, 1973) 201-02.

(13) E. g., JEREMY WALDRON, THE RIGHT TO PRIVATE PROPERTY (Oxford U. P., 1988) 328-30; do., *Homelessness and the Issue of Freedom*, 39 UCLA L. REV. 295, at 297 ～ , 304 ～ (1991). さらに、Stephen Schnably, *Rights of Access and the Right to Exclude : the Case of Homelessness*, in : G. E. VAN MAANEN & ANDRE VAN DER WALT EDS., PROPERTY LAW ON THE THRESHOLD OF THE 21 ST CENTURY (Inst. for Transnational Research, 1996) 553 ～ ; Joseph Singer, *No Right to Exclude : Public Accommodations and Private Property*, 90 Nw. U. L. REV. 1283 (1996); Leonard Feldman, *Homelessness and Bare Life* (unpublished paper) (2000) [do., CITIZENS WITHOUT SHELTERS : HOMELESS-

第3章 サンフランシスコ市貧困地区テンダロインのホームレス問題・居住問題

(2) ホームレスに対する種々の取締り

しかし他方で、ホームレスの人々が屯する貧困地区での警察的取締りへの要望・圧力は強い（とくに、観光都市サンフランシスコでは執政者に対して、ホームレスを可視化させないような「閉じ込め〔封じ込め〕」戦略への圧力が強い。こうした陣営にとっては、教会の慈善活動によるホームレスの吸引現象も望ましくないと映るのであり、サンタ・モニカなどでは議論が多いところである）。

まず、ⓐ殺人とか麻薬取引、売春とかの取締りに関してはそれほど異論はないところであろう。

しかし、ⓑさらに進んで、社会的、空間的不寛容の表れの実践的ホームレス排除策としては種々のことが考案され、議論（異論）も多いところである。例えば、(i)トイレを無くし、用便困難なエリアとし、また(ii)ショッピング・カート（ホームレスの持ち物を積める買い物籠）を除去するとの対策が採られている由である。また、ロス・アンジェルス市の都市スラム問題に詳しいM・デイヴィス氏によれば、(iii)バスのベンチなども樽状のものにして（「浮浪者排除のベンチ」〔"bum-proof" bench〕と言われる）、その上で睡眠できなくさせる。さらに(iv)飲水設備も除去して、ついには(v)スプリンクラーを使用してホームレスを蹴散らせるというわけである。

そして他方で、富裕者との混合地域では、公共道路から（ショッピング・モールの）駐車場に至るところまで、物理的に貧困地区と間隔を設け、安心できる信頼をつける（confidence-building）迂回道路を設置するなどして、（「持てる者」〔haves〕と「持たざる者」〔have-nots〕との間に）「壁」（物理的、さらには設計的な壁）を設けて、「上品な私的空間」作りの努力に余念がないとのことである[14]。

NESS, DEMOCRACY, AND POLITICAL EXCLUSION（Cornell U. P., 2004）〕（ホームレス排除は、多元的民主主義の欠落に繋がるとする）参照。

(14) ベンチの写真なども含めて、MIKE DAVIS, CITY OF QUARTZ : EXCAVATING THE FUTURE IN LOS ANGELES（Vintage Books, 1992〔1990〕）232-36.（翻訳は、村山敏勝他訳・要塞都市LA〔青土社、2001〕である。）

しかしこれでは、既述のようにホームレスの人々の基本的人権（基本的自由）と抵触し、侵蝕しているのではないかとの疑問が出る。テンダロイン地区に入ると、屎尿の臭気が強烈だという問題状況[15]も、悪循環の感がある。

それでは、ⓒより積極的・介入的に、ホームレスの行動の取締りができるかどうかも、大いに問題があるところであろう[16]。すなわち、ホームレスの空間的・社会的存在に寛大さがなくなると、第1に、「物乞い」（とくに「執拗な物乞い」（aggressive panhandling））を犯罪化しようとする動きがあったし（1992年11月の「提案J」である）、ごく最近にも立法化されている（2003年5月の「提案M」）。さらに第2に、彼らが野宿生活をしたりぶらぶら（loitering）することが警察的取締りの対象にもなりかねない。こうなると、見方を変えると、ホームレスに対する「警察による嫌がらせ」（police harassment）に他ならないが、流石にサンフランシスコ市はそこまでは行っていない。

因に、アメリカ合衆国などの諸外国でのホームレスは「物乞い」をして、この点で日本とは事情が異なることについては既に研究もある[17]（筆者も今回の訪米で、例えば、どしゃぶりの雨の中で、ヒルトン・ホテル玄関先で女性のホームレスに言い寄られ、また、路上運転で信号待ちの際に、路上のホームレスと目が合うとアプローチされて、当惑するということもあった）。この相違が奈辺に由来するかも興味深いところだが、前述の欧米における寄付、慈悲的恵与の文化とも無関係ではないであろう。

(3) 若干の所感——日本の状況との比較

ところで、以上に瞥見した公共空間とホームレスとの関係などの問題は、決して「対岸の火事」ではない。昨年（2004年7月）に、日本

---

(15) MADELINE HARTMANN, *supra* note 3, at p. xi での表現である。もっとも、筆者が同地区を散策した折には、それほど気にはならなかったが、隈無く歩いたわけではないので断言できない。

(16) 以下の叙述は、CHESTER HARTMAN, *supra* note 5, at 377-81 などを参考にしている。

(17) 古軸隆介「パリの物乞い——何故人は施しをするのか」成蹊法学48号（1998）。

第3章　サンフランシスコ市貧困地区テンダロインのホームレス問題・居住問題

居住福祉学会では、大阪市西成区（釜ヶ崎）での現地研修会（ホームレスの人々との対話集会）及び愛隣地区の現地調査を企画し参加したが、当地の公園は――野宿者の青テントに入り込まれないように――高いフェンスを廻らし、児童たちは町内会長さんに鍵を借りてフェンス内に入り、ロックインした公園で遊ぶという異常事態に遭遇して驚いた。

また筆者が住む北海道札幌市においても、かつては青テントのホームレスの人たちが群居していた高架下の「エルムの里」公園（当時は、その近隣の教会の慈善活動とのネットワークもできていた）でも、数年前（2001年11月）に公営住宅への転居措置がとられ、今では囲いが作られて――ロックアウトではないが――事実上ホームレスに居住できない状態となっている（つまり、その後のホームレスの人々にとっては、「締め出し」を意味しており、厳寒の札幌における可視的なテント生活者の存在がマスコミ報道されることを、行政側が嫌っての措置であったと仄聞している）。しかし、駅周辺の広大な地下道スペースからも、夜間には野宿者は追い出されるとのことであり（シェルターも作られていない）、豪雪のこの冬は彼らはどのような生活をしているのだろうか。

雇用事情が急変して、著増するホームレスの人々を社会的にどのように受容（social inclusion）していくか、また公共空間の彼らの利用をどう考えていくかは、21世紀の深刻な社会的課題であろうが、まだわが国ではそれに法的メスを入れたものは少ない[18]。ホームレス自立支援特別措置法（平成14〔2002〕年法105号）で、「自立」を強調したところで、現実に雇用復帰の問題が解決されるわけでもなく、公的空間利用の側面で、ロック式ないしブラックストーン式の個人主義的・相互排斥的な私的所有の思考図式（同法11条のいわゆる「適正化」条項参照）[19]では、理論的に少しも抜本的解決は示されていないと言

---

(18)　例えば、大谷恭子『共生の法律学』（有斐閣選書、2000）212頁以下。
(19)　本条は、公共施設がホームレスの起居場所となることにより、その適正な利用が妨げられれば、適正利用を確保するために必要な措置をとれるというものであるが、ここからホームレスの退去・排除を導くのは、ホームレスの人々の個人の尊厳、自己

うべきではないか。

ところでこうしたホームレス問題については、筆者はアメリカ所有法学に倣って、及ばずながら物権法総論の中で講義しているのだが、昨今氾濫する民法教科書の中で、このテーマを民法学で取り上げるものが皆無なのは、どうしたものなのであろうか（この日米所有法学の対蹠的教育事情は、わが国の従来の講学的惰性ゆえの知的怠惰のゆえか、それともこの切実な社会的要請に目を背けても痛痒を感じないほど、わが民法学と法社会学〔元来は、末弘・川島両博士などの民法学者が開拓した分野〕との乖離現象〔その意味での民法の社会的アクチュアリティの喪失〕は深刻なのであろうか）。ともあれ、以上の如く公共的空間、公共的施設の所有とホームレスとの関わりの問題は、それ自体喫緊の課題なのであるが、先に触れたホームレスの背景分析からも示唆されるように、住宅問題や雇用問題、さらには家族問題等にも考慮を及ぼさなければ話にならないことも確かであろう。

(4) ホームレスの人々のシェルター、住居への権利を巡る左右両翼からの論議

アメリカ法学では、ホームレスのシェルター及び住居への権利について、左右両陣営からのはっきりした法政策的論争が蓄積されているので、ここで見ておくことにする。

① すなわち、従来学界での進歩的論者の大勢は、ホームレスや貧困者のシェルター権に関して好意的であった。夙に、1960年代末にF・マイクルマン教授（ハーバード大学）は、平等保護条項を根拠に、最低限の食糧、シェルター、医療、教育権を基礎づけていたし[20]、その後1990年代に入ってからの議論では、ホームレス問題は、アメリカ住宅政策の一環として捉えられるべきことが強調されているよう

決定権の尊重に反して違憲であり、制限解釈が必要だとされるが（笹沼弘志「ホームレス自立支援法概説——問題点と活用可能性」Shelter-less 14号（2002）36－42頁参照）、本条の適用の行方は不透明と言わざるをえないだろう。

(20) Frank Michelman, *Foreword : On Protecting the Poor Through the Fourteenth Amendment*, 83 HARV. L. REV. 7 (1969).

第3章 サンフランシスコ市貧困地区テンダロインのホームレス問題・居住問題である。

例えば、先般亡くなられた所有法学者である故C・バーガー教授（元コロンビア大学）や貧困者支援活動に尽力しているL・ホワイト教授（ハーバード大学。かつてカリフォルニア大学ロスアンジェルス校）は、アメリカ住宅政策では、中所得者層の一戸建住宅購入に主たる精力が注がれ、そして60年代末のニクソン政権の頃から低所得者層への「公共住宅」政策が閑却されるに至ったツケとして、これだけ「ホームレス問題」が前面に出ていることを看過すべきでないとする。そして低所得者層の住宅への権限（housing entitlement）を認めて、広くその住宅供給策に本格的に取り組むべきだとされるし[21]、ウィズナー教授（イェール大学）も日頃の実践的弱者支援活動をベースに、低廉住宅ストックの拡充の必要性を説いている[22]。

② しかしこれに対しては、1980年代から保守陣営の巻返しがあり、福祉権一般を安易に認めると、モラル・ハザードを生み、労働意欲を喪失させ、個人責任を減退させ、また社会的不安定を招いて民主的プロセスを害するなどと説かれるに至った（ch・マレイ教授ら）[23]。そしてホームレス問題に即してこの潮流を受け止めて精緻化して説いたのが、R・エリクソン教授（イェール大学）である。

教授は先の論法と同様に、ホームレスに無条件のシェルターへの権利を認めると、その労働意欲を喪失させるとし、他方で行政運営上のコストもかかることになるから、社会的富を減少させることになると述べる。そしてまた憲法上も、労働の自己所有（第13修正）及び教育

---

(21) Curtis Berger, *Beyond Homelessness : An Entitlement to Housing*, 45 U. MIAMI L. REV. 315, at 319～, 324～ (1990-91); Lucie White, *Representing "The Real Deal"*, 45 U. MIAMI L. REV. 271, at 282 (1990-91)（さらに、ホワイト教授は、ホームレスのレトリックは、住宅危機という大きな問題に鈍感にさせるとする〔295-96, 299〕）.

(22) Stephen Wizner, *Homelessness and Social Policy*, 45 U. MIAMI L. REV. 387, at 402-03 (1990-91).

(23) E. g., CHARLES MURRAY, LOSING GROUND : AMERICAN SOCIAL POLICY 1950-1980 (Basic Books, 1984); Richard Epstein, *The Uncertain Quest for Welfare Right*, 1985 B. Y. L. REV. 201.

への権利（州憲法）は認められるが、反面で、シェルター、最低限の所得などへの無条件の福祉権は、憲法規定でも拒否されている。なぜならば、後者は労働意欲（労働へのインセンティブ）に反するからであり、こうした「労働」と「福祉」との緊張関係には留意されるべきだとするわけである[24]。

他方で、ホームレス問題は、住宅問題というよりも、雇用・職業訓練とか、麻薬中毒者、障害者の施設からの放出、路上行動の監視の緩和などが大きな要因であり、低廉家屋の供給で解決できるものではないともしている[25]。

③　若干のコメント——筆者の方法論的問題意識

これは法学界では近時の有力な異説ではあるが、アメリカでは根強いロック的所有観と一脈通ずる有力潮流であることも忘れてはならないであろう。

しかし他方で、現実的には、「労働意欲」ないし「自助努力」の論理には大きな事実上の障害があることは既に見たとおりであり、また理念的にも「居住」ないし「住まい」は労働のインフラとなっており（そして「居住福祉」と「労働」とは、対立的というより相補的であろう）、人格形成とも密接不可分とも言いえて、人格権的所有理論（レイディン理論）が妥当する典型例——そしてそれは、所有法学上最低限の住まいへの権限を有する（ヨリ具体的には、レント・コントロール、居住適格保証、さらには広く低廉住宅に対する権限の肯定ということになる）という含意をもつ——と言えないだろうか[26]。さらには、効率性論としても、進歩的住宅法学者からしばしば説かれるとおり、低廉住宅の供給にかかるコストの方が、低所得者住宅政策不在のゆえにホームレスの人々が健康を害して救急医療を受けたことによるコストの増加

---

(24) Rebert Ellickson, *The Untenable Case for an Unconditional Right to Shelter*, 15 HARV. J. OF L. & PUB. POL'Y 17, at 20-21, 30-33（1992）.

(25) Robert Ellickson, *The Homelessness Muddle*, 1990 PUB. INTEREST 45, at 53 〜 ; do., id. at 28.

(26) これについては、さしあたり、吉田邦彦『民法解釈と揺れ動く所有論』（民法理論研究第1巻、有斐閣、2000）348頁参照。

第3章 サンフランシスコ市貧困地区テンダロインのホームレス問題・居住問題

分よりも安価に済むという議論をすることもできるのであり、エリクソン式論法が唯一の効率性論ではなかろう。

かくして、以上の論議は、(前述の空間所有論とは別の意味での) 居住所有論、すなわち、住宅財 (ストック) に関する権限の社会的再配分の問題であり、アメリカ法では所有法学の基礎理論の一環で語られることであるが (賃借権も所有権限の一部分ということで、所有法の中で扱われる)、わが国ではこうした法政策論議があまりない――あるとしても、近時は市場主義的な議論ばかりである――のはどうしたものであろうか。

時恰(あたか)もわが国では、規制緩和ないし構造改革の嵐が吹き荒れる今こそ、民法研究者各自の法政策学的立脚点が問われているともいえよう。つまり、政府と市場の役割をどう考えるか (どのような政府を志向するか〔小さな政府なのか、それとも比較的大きく捉えて財の再分配的機能をクローズアップさせるか〕) とか、社会 (ないし市場) における「中間団体」の役割とか、個人主義と共同体主義との関わりとかという社会ビジョン (社会編成原理) を意識しつつ、民法の法政策・法解釈に臨むということであり、これは数年前 (1997年10月) の日本私法学会で、北大グループが民法学方法論を論じた際の共通のコンセプトであったはずである(27)。しかし、もしこうした問題意識がその後承継されず法解釈技術主義、瑣末主義に偏しているとするならば、時代の要請にも反するのではなかろうか。

筆者は分野の障壁を意識することは好まないので、ここでの住宅福祉の論議を受けて、民法学以外の分野にも若干足を踏み入れて率直な不明点を述べておこう。例えば社会保障法学においてあまり時流に沿う形で「自己責任」とか「自助」「自立」という側面を強調するのはいかがなものであろうか(28)。また、わが国での法哲学界ではリバタ

---

(27) その成果は、さしあたり、瀬川信久他「転換期の民法学」『私法』60号 (有斐閣、1998) 4頁以下参照。

(28) この点で例えば、菊池馨実『社会保障の法理念』(有斐閣、2000) はアメリカ法学におけるリパブリカニズムなどの進歩的な福祉権学説の紹介をしながら (68頁以下)、

リアニズムがもてはやされているようであるが⁽²⁹⁾、規制緩和とともに富の格差、地域間格差が拡大する昨今、財の再分配こそが喫緊の時代的要請であるはずなのに、「今なぜリバタリアニズムなのか」と首を傾けたくもなる。

　平井宜雄教授はもう30年近くも前に、アメリカ法学からの知的刺激を発条として「法政策学」なる学問を樹立された⁽³⁰⁾。筆者も、学生・助手の頃からそのアメリカ法学的な香りに研究意欲を鼓舞された一員として、今後とも居住、医療等の具体的民法問題への法政策学的「実践」を大きなテーマにしていきたいが、疑問もなくはない。すなわち、これだけ政策的に動揺する時代において、効率性と正義性あるいは市場的決定、権威的決定、組織的決定等の「判断枠組」を示すだけで足りるのか。やはり研究者とて、個別的「実践」が問われ、その意味で一定の社会的、政策的（政治的）判断にコミットせざるをえないのではないかと言うことである。もとより、「社会発展段階」「価値のヒエラルヒア」等の線形的な思考様式ではなく、法的判断のゆえに多視点の弁証法的（dialogical）で可謬的（fallibilistic）なプラグマティズムにならざるを得ないことは、（すぐ前の論点〔法解釈者の社会的・政策的コミットメントの不可避性と必要性〕とともに）批判法学から大いに学ぶところだが⁽³¹⁾。

　　結論的に個人主義的な「自由」「自律」思想を論ずる（29頁、123頁以下）のは、本稿でもその一端を示したアメリカでの議論の構図——すなわち、ロールズの「格差原理」に示される平等主義、共同体主義的連帯 対 リバタリアニズム——との関係で平仄があっておらず、アメリカでの学説のコンテクストの正確な理解が求められるのではなかろうか。

(29)　例えば、森村進『財産権の理論』（弘文堂、1995）、同『自由はどこまで可能か——リバタリアニズム入門』（講談社現代新書、2001）。また、昨年（2004年秋）の法哲学会のテーマもリバタリアニズムと側聞している。

(30)　平井宜雄『法政策学』（有斐閣、1987〔第2版1995〕）。その元となったジュリスト論文の初出は1976～78年である。）

(31)　こうした筆者の民法解釈方法論については、吉田・前掲書（注(26)）第2～4章、第7章など参照。

三　貧困地区居住法学の具体的諸問題

　居住法学上は、ホームレス問題解決策として低廉住宅ストックをいかに維持するかが課題であることについては、多数の一致が見られることは既に見たとおりである。しかし低廉住宅は激減し[32]、他方で富裕層が流入して（とくにコンピュータ産業関連の若者のシリコンバレーからの移住）「高級化」による緊張関係が高まっているサンフランシスコ市の昨今の状勢の中で、同市、とくにテンダロイン地区において低所得者居住保護のためにどのような法的取組がなされているのかを見ておこう。

　結論的に言えば、サンフランシスコ市はその住宅危機の深刻さゆえに、「全米で最強の住宅運動」があったとされる[33]にもかかわらず、他方で、不動産所有者（家主）サイドの政治勢力は相当なものであり、レント・コントロールや「改造」コントロールなども、必ずしも、賃借人の住宅運動は捗々(はかばか)しく満足のいくものとはなっていない（訴訟も保守勢力の側からのものが目についている）。むしろ近年は、「テンダロイン地区再生団体」（Tenderloin Neighborhood Development Corporation）の如き団体を通じたコミュニティ再生・維持、低廉住宅の確保

---

(32) テンダロイン地区の南側であるマーケット通り南部の会議場エリア（Yerba Buena Center; Moscone Convention Center）及び西側の官庁街（Western Addition）の再開発で、1万戸以上もの低所得者住宅が破壊され、さらに同地区内部では、賃貸からコンドミニアムないし観光客向のホテルへの「改造」が進み、なおかつ市場的私的開発が拍車をかけて「激減」させている（これについて詳しくは、CHESTER HARTMAN, EMINENCE AND NOTORIETY : FOUR DECADES OF RADICAL URBAN PLANNING〔Rutgers Center for Urban Policy Research, 2002〕参照）。それに伴って、沢山の低所得者賃借人の退去（eviction）請求及び押出し転居（displacement）がなされている（強制退去の法的手続は、1970年代初めには2,000件余りだったのが、90年代初めには9,500件になっている）。また、古い倉庫を「ロフト」（仕事・居住共用空間）として再利用して居住家屋にすると、低所得者対策、学校への支払金等の負担が回避できるということで、こうした「高級化」（「ロフト化」（loftism））も大きな問題となり、2001年にはサンフランシスコ市でこれを抑制する運びになっていることにつき、HARTMAN, supra note 5, at 334-36 参照。

(33) HARTMAN, supra note 5, at 336 での指摘である。

の方が実効的のようにも思われる。以下順に見ていくことにする。

1 レント・コントロールを巡る紆余曲折——サンフランシスコ市の場合

（1）低所得居住者の支援策としてまず思い当たるのがレント・コントロール（家賃規制）であるが、意外にもサンフランシスコ市の場合には、カリフォルニア州のサンタ・モニカ、バークレー、マサチューセッツ州のボストン、ケンブリッジがかつてそうであったような厳格なものではなく（もっとも今では、そうした厳格な規制地域でも、緩和されたり、廃止されたりしている）、「空室適用除外」（vacancy decontrol）を認める弱いレント・コントロールである（1979年条例〔ordinance〕以来そうである）[34]。しかしその背後の立法過程を見ると、家主側勢力との政治的闘争・確執の連続であり、実に複雑な様相を呈していることがわかる[35]。1980年代からのサンフランシスコ市には進歩的レジームが生成・定着したとされているが（その因子として、人種・民族的多様性、ビジネスにおけるエリート分散、中流層の多さ、直接民主制が挙げられる）[36]、こと住宅問題に関しては、そう道程は単純ではないのである。

（2）① すなわち、レント・コントロールが初めて導入されたのは、1979年6月の条例（ordinance）によってであるが、そこでは、(i)家賃の年間7％までの上昇の容認（これは、消費者物価指数（Consumer Price Index：CPI）の上昇率よりも高い）、(ii)修繕費分を転嫁する家賃上

---

[34] アメリカ合衆国におけるレント・コントロールの全国的概況及び学界における議論については、吉田・前掲（注（2））（二）・民商129巻2号（2003）162頁以下参照。関連文献も、そちらに譲る。

[35] これについて詳細なのが、HARTMAN, *supra* note 5, at 341～であり、さらに、Randy Shaw, *Tenant Power in San Francisco*, in：RECLAIMING SAN FRANCISCO (*supra* note 5) 287～も参照（ちなみに、ショー弁護士は、テンダロイン住宅クリニックのディレクターである）。

[36] RICHARD E. DE LEON, LEFT COAST CITY：PROGRESSIVE POLITICS IN SAN FRANCISCO 1975-1991 (U. P. Kansas, 1992).

第3章 サンフランシスコ市貧困地区テンダロインのホームレス問題・居住問題

昇の容認、(iii)これを越える場合の攻撃（レント安定局への申請）の負担は借家人側にあり、また、(iv) 4 戸以下しかない所有者占有の建物には適用されないというものであった。さらに重要なこ

SF市の歴代市長	
George Moscone	暗殺（1978）
Dianne Feinstein	1978〜1987
Art Agnos	1987〜1991
Frank Jordan	1991〜1995
Willie Brown	1995〜2004
Gavin Newsom	2004〜

ととして、(v)空室になれば、本規制は適用されないのであり（これが、「空室のコントロール除外」〔vacancy decontrol〕である）、その意味で、家主としては賃貸していない間に自由に（無制限に）家賃を上げられるわけであって、以上の如く弱い家賃規制にすぎなかった。

しかし、この背後には、借家人擁護サイドから出された、より強硬なレント・コントロール案である「提案R」が同年11月の投票時に敗北して採用されなかったという事実がある（そこには、(i)家賃上昇率をCPIの半分に抑え、さらに(ii)立退きを「正当事由」ある場合に限定し、(iii)借家のコンドミニアムへの「改造」を年700件に限定する等の規定が含まれていた）。

そして案の定、その後「空室適用除外」を駆使した家賃値上げ、そして退去請求は、増加の一途をたどった。そこで翌80年には、市執政監理官（supervisor）は、住宅運動を受けて、空室のコントロールを加えて、年間7％（2年後からは5％）に制限するとの案を出したが、当時のファインスティン市長はこれを拒否した（彼女が同意した案でも、若干の退去請求の規制及び不当な家賃上昇の罰則強化をしたが、空室規制除外は維持された）。

② そこで1980年代は、この「空室適用除外」を巡る攻防となり、賃借人運動はこの論点だけを独立させて対決色を強めたが、逆に孤立化していったようであり、成果は多くない[37]。

すなわちまず、1982年の前記条例改訂（延長）時には、低廉住宅同盟（Affordable Housing Alliance：AHA）などによる保護強化の運動を受

---

(37) Shaw, *supra* note 35, at 293-94 で示す分析視角である。

けて、家賃上昇率7％を超える場合の負担の所在の転換がはかられることになった（つまり、賃借人の側から文句を言うのではなく、家主側から家賃安定委員会の許可を得なければならないこととなる。そして本条例は無期限とされた）。またさらに、AHAが市執政監理官の選出にあたり「賃借人サイドの候補者名簿」を提示できるようにしたことも、その後の展開に大きな意味を持った。

しかし、翌1983年に、執政監理官側が(i)家賃上昇制限率の縮減（年4％）及び(ii)空室コントロール創設をはかろうとしたところ、ファインスティン市長は、再度(ii)については拒否権を発動したのであった。

③　1987年に選出されたアグノス新市長は、住宅運動にも好意的であり、気運は盛り上がったが、この間に住民運動の担い手として、サンフランシスコの大規模賃貸建物（例えば、パーク・マーセッド、ジョン・ミューア・アパートメント、ゴールデン・ゲートウェイ）の上・中流賃借人も鳩合されることとなり、これが従来からのSF賃借人組合（San Francisco Tenants Union）らと微妙な緊張関係を生み出し、そのことがやや不毛な結果を導くことになった[38]。

すなわち、空室コントロール規制の程度を巡って内部対立があり、アグノス市長及びAHAなど穏健派は、空室コントロールの原則の樹立こそが重要だとしたが、急進派（SF賃借人組合、聖ピーター住宅委員会、北部ミッション通り組合、ゲイ・レズビアン民主派クラブ等）は反対し、10～20％の制限では闘争に値しないとして、賃借人組合側は、4～7％に制限するイニシァティブを提示した（1988年11月選挙時における提案U）。しかしそれは敗北に終わる。

翌1989年のアグノス市長からの穏健な空室コントロール条例案も立消えになり、さらに1991年5月市執政監理委員会側から出された、10～14％に制限する旨の立法も、同年11月の投票で、不動産所有者側の空室規制撤廃のレフェレンダムで覆滅する。これらによって、住

---

[38]　CHESTER HARTMAN, *supra* note 5, at 349-50, 352, 354 が強調するところである。

宅運動は分裂し、倦怠感が漂ったのであった。

④　そこで戦略の再検討及び草の根の活動を中心として組織の強化が図られるに至り、漸く個別の論点で成果が見られることになった。例えば、まず、(i) 1992

SF市の家賃規制の経緯
1979　レント・コントロール　条例　→　○
1979　Prop. R　→　×
1980　レント・コントロール強化案　→　×
1983　空室規制案　→　×
1988　Prop. U　→　×（空室の急進的規制案）
1991　空室穏健規制案　→　×
1992　Prop. H　→　○（家賃上昇制限強化）
1994　Prop. I　→　○（所有者占有建物〔4戸以下の場合〕への拡充）
1996　条例 ）
1998　Prop. G 　→　○（OMI退去請求制限）
2000　Prop. H　→　○（建物改修費用転嫁制限）

年の選挙時には、本来の家賃上昇制限率の強化（4％からさらに、ベイエリアの消費者物価指数の60％〔これは1～2％の家賃上昇率に相当する〕にする）がはかられた（この「提案H」は僅差（53％）で通過する）。次に、(ii) 1994年11月の選挙時の「提案I」でレント・コントロールを所有者占有の4戸以下保有建物にも拡充された。

またその後、所有者が自身の建物に移住してきて賃借人に退去を迫る、いわゆる「所有者移入建物」(owner move-ins：OMIs) の問題（所有者占有建物の規制の弱さの間隙を衝いたものである）が社会問題化した（OMI退去者の多くは長期借家人であり、高齢者も多く、その家賃は市場家賃よりかなり低かった〔平均25％低い〕）。そこで(iii) 1996年の条例制定により、(a)猶予期間の伸長（12ヵ月から36ヵ月へ）、(b)所有者の占有割合の引上げ（10％～50％へ）、(c)所有者が代替できる住宅を所有している場合の立退請求の否定、(d)家主側の3ヵ月以内の移住義務、(e) 62歳以上の高齢借家人、10年以上の長期借家人に対する退去請求の否定、(f)上限5,000ドルの立退料の支払い等を定めた。

そして、(iv) 1998年に、基本的にこれを承継しつつ、OMI退去請求を一建物につき一戸に限るなどの「提案G」が制定されることになった。また他方で、(v)賃貸建物事業の中止を理由として6日前の通知で容易にできるとするエリス法（Ellis Act）による脱法行為を封ずるた

めに駄目押し的に、市執政監理官は、ビアマン＝カッツ（Bierman-Katz）条例を制定し、エリス法のためには、計画部から「条件使用の認可」を要求した。

さらに、(vi) 2000年の投票時には、建物改修費用を賃借人に転嫁するのを制限する「提案Ｈ」を通過させている。

(3) 小括——若干の評価と日米比較

以上のように、複雑なジグザグの立法過程をたどりつつも、——肝心の「空室コントロール」はできていないが——とくに1990年代に入ってからは、いわば外堀から地道な努力が続けられていると言えよう。それにもかかわらず、サンフランシスコ市さらには貧困地区テンダロインに及ぼす「高級化」の波は余りに大きく、十分防ぎえていないと言えるであろう。

このサンフランシスコ借家人保護運動の話（サガ）は他人事ではない。サンフランシスコ市のポスト工業的な都市再構築により、ダウンタウンにはオフィスビルが広がり、今や「摩天楼とスラム街」「高級化と押出し転居」「ハイテク関連のホワイトカラーと低賃金サービス従事者」が同居する「二重都市（dual city）」として分極化（polarization）、細分化（fragmentation）が進んでいるが[39]、同様のことは東京などのわが国の大都市圏でも妥当する[40]。わが国では昨今金融システムが大きく変動しており、従来のメインバンク方式の間接金融から、投資型の直接金融へシフトしつつあり、それがローカル・コミュニティーにもたらす影響も小さくないであろう（いわゆる「証券化」の波である。多くの民法学者はこの動きを肯定する如くだが、筆者自身はコミュニティー論との関連で、疑問に思うこともしばしばである）。大都市では、不動産証券化に際して海外投資家が流入し、オフィスビルが

---

(39) ポスト工業的な大都市の変貌については、JOHN H. MOLLENKOPF, THE CONTESTED CITY (Princeton U. P., 1983) 20～, 213～の考察が、もはや古典であろう（まさにSF市を素材の一つとして語っている）。

(40) E. g., SASKIA SASSEN, THE GLOBAL CITY : NEW YORK, LONDON, TOKYO (Princeton U. P., 2001). その他、同一著者の別のものの翻訳である田淵太郎他訳『グローバル空間の政治経済学』（岩波書店、2004）も参考になる。

第 3 章　サンフランシスコ市貧困地区テンダロインのホームレス問題・居住問題

席巻(せっけん)するようになり、昔ながらの下町コミュニティーは脅威に晒(さら)されていることは、報道されているとおりである（例えば、東京道玄坂商店街の事例)[41]。

こうした激動の時代において、光の当たらない貧困地区の居住者保護をどのようにはかっていくか、ホームレス（野宿者）のように自ら自助努力で権利主張することが事実上できない場合に、公的支援スキームを充実させるべくいかに構築していくか、そうした賃借人運動を支える担い手たる法律家をわが法科大学院は養成しているのか、という本稿冒頭の問いかけが、当然のことながら浮上してくるわけである。

そしてこの点で、アメリカの立法過程のメカニズムから、どうしても制定法は妥協の産物とならざるを得ず、関係当事者にとってはストレスが多かろうが、サンフランシスコ市での低所得者居住支援運動はそれなりに頑張っていると評することができよう[42]（少なくとも、レント・コントロールが全廃されてしまったボストンエリアよりは充実している）。それに対して、わが国の場合には、元来家賃規制は手薄であったが、唯一従来の民法学及び判例が営々と築き上げてきた「正当事由」要件による立退請求に対する保護スキーム（借地借家法28条〔前身は借家法1条ノ2〕）は、十分な政策論争もないままに——近年のわが国での立法過程の変化とともに——いとも簡単に葬り去られてしまった（平成11〔1999〕年の定期借家権の導入〔借地借家法38条〕）ことには、寒々とした居住不安を覚える他はない（またロビイストが再開発サイドにのみ存在し、借家人側の居住弱者支援には手薄であるという事態は、今後のわが法科大学院の将来的課題を示唆しているとは言えないだろうか）。

---

(41)　2005年2月6日放映のNHKスペシャル「巨大マネーが東京をねらう——オフィスビル投資の舞台裏」。
(42)　さらに、カリフォルニア州レベルのレント・コントロール改廃の度重なる動きがあるが、SF市の家賃規制と関わらないので、ここでは省略した。

2 「改造」規制の動向及びこれに関する憲法訴訟

(1) 「改造」(conversion) の問題は、多数の SRO を擁するテンダロイン地区などでは深刻な事態であるが、次にそれに関する規制状況を見る[43]。

① まずは 1979 年に「改造」を抑制させる条例が、市執政監理委員会 (board of supervisors) から出されている。

その内容としては、許されるべき「改造」は年間 1,000 件とし、その許可にあたっては、(i)中・低所得者住宅の留保 (set-aside) 及び代替家屋の提供、代替住宅基金への代償金の支払いを求め、また、(ii)売買を求めなかった賃借人へ転居費用の支払、高齢者 (62 歳以上)・障害者の賃借人に対する生涯の賃貸借を保障することなどが定められている (もっとも実際には、代償金支払、代替住宅の提供をしている者はほとんどないとのことである。また、賃借人への売買は 15％ほどでかなりの者の「押出し」(displacement) がなされていることがわかる)。

② そしてさらに、「改造」抑制の賃借人保護運動を受けて、1983 年に空室率が 5％未満の場合には「改造」を禁ずる条例が制定されたが (シルバー市執政監理官の提案による)、これに対してファインスティン市長は拒否権を発動して封じている。しかし彼女は、その後より妥協的な改造コントロール条例には署名して (これが今なお更新されている)、そこでは、(i)「改造」は年間 200 件に制限され、また(ii) 25 戸以上を擁する建物「改造」は禁止された (その後も規制は充実されて、観光客向ホテルへの改造の永久的禁止が定められ (この種の条例は全米でも最初のもので、その他建物検査官による取調べ権なども認められた) (1989 年)、さらに、非営利団体の改造差止権も認められ「改造」の際の代償金も引き上げられている (1990 年))。

---

[43] これについても、HARTMAN, *supra* note 5, at 361～, 366～ (テンダロイン地区の状況) がやはり詳しいが、さらに、Tony Robinson, *Gentrification and Grassroots Resistance in San Francisco's Tenderloin*, 30 URBAN AFFAIRS REV. 483, at 493～ (1995) も参考になる。

第3章 サンフランシスコ市貧困地区テンダロインのホームレス問題・居住問題

③　またテンダロイン地区について関連することとしては、1985年には――後述する（三の3参照）「マーケット通り北部計画連盟」の要請を受けて――開発制限（downzoning）立法がなされて（これには、ファインスティン市長も署名した）、そこでは、(i) 80 フィートを越える建物は、代償金の支払なしには建てられないこととされ、(ii) 2 階以上は建物の商業利用はできず、(iii)旅行者向のサービスは、ゾーニング規律に違反するとされている(44)。

④　これに対して、保守派〔家主側〕勢力からの対抗として、トラウィーク＝メロー（Traweek-Mello）法案（州レベルの立法により、ホームルールとしての改造規制を覆えそうとしたもの。トラウィークは南カリフォルニアを拠点とする不動産業界王で、マーセド湖地区のJ・ミューア賃貸アパートを購入して「改造」しようとし、多額の献金などで州上院議員メロー氏などに働きかけた）は廃案となり、また、1989 年 11 月の「提案R」（改造制限を年 700 件に緩和し、サイズによる制限の撤廃などもしようとするもの）は通らず、さらに 1991 年には今度は市執政監理官が出してきた――多数の賃借人の同意を条件とする（さらに、賃借人に市価の75％での提供〔そして 9 割以上の額の融資〕、購入しないものには生涯賃貸の保障という条件も付する）――年間の改造件数制限の撤廃、サイズによる制限の差等の撤廃を要請する「提案N」も成立していない。

(2)　こう見ると、「改造」に関しては、全米最大の割合の賃貸住宅ストックを擁するサンフランシスコ市ならではの懸命の保護運動の成果が出てきているようである。しかしそれでも、テンダロイン地区では、1970 年代には 3,000 戸（SF市全体では 8,000 戸）、80 年代にはこれより少ない数（SF市では 1,700 戸以上）の低廉住宅（SRO）（因(ちなみ)に、SF市のSROの 4 割がテンダロインに集中している）が「改造」「破壊」によって失われているし(45)、1989 年の地震でも相当数の低所得者向

---

(44)　このテンダロインの開発制限ゾーニング規制については、Robinson, *id.* at 497-500 参照。

(45)　この点で、Robinson, *id.* at 493 ～ と HARTMAN, *supra* note 5, at 368 とでは記述の

ホテルが破壊され、種々の形で低廉住宅が減っていることは既に見たとおりである（また、ロフト化による低廉建物の減少については、注(32)参照)。

しかし反面で、家主側勢力からは、司法ルートを通じて、こうした規制はいわゆる「規制的収用」(regulatory taking)であり、所有権の侵害になるとして提訴してきている（テンダロイン地区の著名なものとして、ゴールデンゲートホテルの事例があるが、当初下級審で違憲とされたが、連邦第9巡回区控訴裁判所では、1年の期間制限ゆえに規制の差止は認められないとしている)[46]。

その他、前節の家賃規制との関連では、「提案H」「ビアマン・カッツ条例」についても同種の違憲訴訟が提起され、ここでは差止が認められたとのことであり、この領域では、司法が保守的に作用していることがわかる。家主側・都市再開発側は、多くの財力をもとに有能な弁護士をつけて攻撃してくるために、被告（低所得賃借人側〔ないし開発規制するコミュニティ・行政〕）の法的支援がしっかりしていないと、その居住は動揺に晒されることとなることに注意が必要であろう。

3 貧困コミュニティ再生団体の有効性

(1) このように、低所得賃借人の保護のための法的スキーム作りにもかかわらず、レント・コントロールには「空室適用除外」という大きな穴があるし、SROなどでは1ヵ月未満の短期利用に抑えてレント・コントロールの保護をはずそうとする実務（いわゆる「音楽室」スキーム)[47]があるとのことである。立法過程も、既に見たように、圧力団体のぶつかり合いの所産であり、ジグザグの妥協的なものとなり、不確実性もある。司法とても、この領域では保守派勢力からの攻

仕方に相違があり、後者より前者の方が、「改造」コントロールに効果があったとする認識が強い（1980年代の改造例は100戸余りだけだとしている)。

(46) Golden Gate Hotel Assoc. v. City and County of San Francisco, Tenderloin Housing Clinic, Inc. et al., 18 F. 3d 1489 (9th Cir. 1994). その他同ホテルの関連訴訟は多数出されている。

第3章 サンフランシスコ市貧困地区テンダロインのホームレス問題・居住問題

撃の道具となっていることも先に触れたとおりである。こうした状況の中で、どのように低廉住宅の安定的供給をはかったらよいのであろうか。

筆者がここで注目したいのは、貧困コミュニティ再生団体の意義・有効性であり、それによる「コミュニティ再生」運動（community economic development movement）なのであり、それについては既にボストンなどの事例を通じて、論じているところである[48]。そしてサンフランシスコ市の貧困地域についても同様のことが言えるように思われる。

すなわち、テンダロイン地区においても、1970年代から、草の根的な低所得コミュニティ保護団体——例えば、「マーケット通り北部計画連盟」（North of Market Planning Coalition〔NOMPC〕）（1978年以来のもので、90年代に動揺する。テンダロイン・タイムズ（Tenderloin Times）を4ヵ国語で刊行していた）、さらに「リアリティ・ハウス・ウエスト」（1978年以降）、「テンダロイン非営利住宅供給連盟」（Tenderloin Non-Profit Housing Provider's Alliance）（1983年以降）、そして最近目立っているのは、「テンダロイン地区再生団体」（Tenderloin Neighborhood Development Corporation〔TNDC〕）（1981年以降である）——が、寄付金・補助金（課税免除も含む）、（セクション8プログラムによる補助[49]も含めた）賃料収入、さらには開発の代償金を基盤として、荒廃した建物を購入して（SROよりも安い）低廉家屋を貧困者に提供するという動きである[50]（TNDCは、目下21の建物を所有し、1,600戸余りの

---

(47) 音楽に合わせて椅子の回りを歩かせて、どんどん椅子を取っていくという「椅子取りゲーム」を指しており、SROが減ってゆく中で短期利用させられる低所得者賃借人の状況を、比喩的に表したものである。
(48) 吉田・前掲（注（2））（三・完）民商129巻3号（2003）301頁以下参照。また、叙述は記述的ではあるが、平山洋介『コミュニティ・ベースト・ハウジング——現代アメリカの近隣再生』（ドメス出版、1993）も参考になる（同書229－32頁では、TNDCにも言及がある）。さらに、イギリスでの動きについては、堀田祐三子『イギリス住宅政策と非営利組織』（日本経済評論社、2005）が出された。
(49) これについてはさしあたり、吉田・同論文（三・完）民商129巻3号（2003）334頁参照。

清潔・安全・低廉な住宅を3,000人もの貧困者に供給しているとのことであり[51]、これは釜ヶ崎のサポーティブハウジングのモデルとなったニューヨーク市のコモングラウンドの活動を想起させるものである。なお同団体でも、職業訓練、学校放課後の教育プログラムの提供などを行っている。もっとも、筆者のTNDC訪問の折〔2005年6月〕のスタッフの話では、公的支援は不充分であり、今後とも予断を許さない。資金が潤沢ならば、もっと順調に荒廃建物の買取・修繕が進捗するのに、事業は停滞しがちであるとのことであった)。冒頭に紹介した聖アントニー財団の慈善活動も、こうした動きを後押しし、且有機的に連関してコミュニティ強化をはかるものと捉えられよう。

さらにまた、本稿で縷々考察した住宅法学的紛争においては、サンフランシスコ市の低所得借家人に対する最有力の法的支援サービスを行う「テンダロイン住宅クリニック」(Tenderloin Housing Clinic〔THC〕)(1980年に、グライド記念教会の一室での活動から始まり現在では200名弱のスタッフを擁し、年間3,000名以上の顧客に対応している) も不可欠の存在であることは言うを俟たないが、同クリニックでも1999年から低廉ホテル所得者と賃貸契約を結び、媒介項となって、SF市で1,200戸以上ものサポーティブハウスを提供していることが注目される[52](同クリニック創設以来の所長であるR・ショー弁護士は、既に

---

(50) Robinson, *supra* note 40, at 490 〜 ; Waters & Hudson, *supra* note 5, at 308 〜 などでも注目するところである。ロビンソン論文公表当時（1990年代半ば）で、既にテンダロインの住宅の15%近く〔また、SF市の低廉住宅の60%余り〕が、こうした非営利団体が所有するに至り、その家賃はSROのそれより33%低く、スチューディオよりも13%低いとされている（*id*. at 502-03）。

(51) Kathleen Sullivan, *New Life for a Residential Hotel——and for its Tenants*, SAN FRANCISCO CHRONICLE, Jan. 14th, 2005, F3. また、TNDC Newsletter, Oct. 2002参照（これは、TNDCのホームページ〔http://www.tndc.org/〕から入手できる）。

(52) THCが行うサポーティブハウスは、釜ヶ崎のそれとやや違って、疾病管理、雇用斡旋、訴訟代理などのサポートがあるという文字通りのものである（SF市でそうしたサポーティブハウジングが2,500戸ほどあり、さらにニューソム市長はそれを増加させる方針であることにつき、Kevin Fagan, *Shame of the City : Chance to Solve Homeless Crisis*, SAN FRANCISCO CHRONICLE, Feb. 1st, 2004, A 1; do., *Opening New Doors for Homeless : S. F. Plan for Rooms and Counseling for the Hard Core, id*. June

第3章 サンフランシスコ市貧困地区テンダロインのホームレス問題・居住問題

1980年代後半から、ホームレス問題解決の「有効戦略」は――公共空間に関わる対立的なホームレス擁護よりも――非営利住宅団体が獲得・運営するホテルへの収容であると説いていた[53]。それがこのような「異例の弁護士活動」を生んだわけであり、THC の場合 TNDC のものほど、家屋の状況は良くはないが、低廉ホテル提供のスピードははるかに早いことにも注目されるところである)。

(2) ここでは、そうした組織における低所得者支援法律家ないしコミュニティ再生スタッフ、地域リーダーの役割についてまとめておきたい。すなわち第1に、貧困地区のホームレス等の低所得者を支援する（公共利益擁護の）「法律家」（public interest lawyer）は、リピート・プレーヤー[54]として、個別的な賃貸借紛争はもとより重要だが、それ以上に貧困者の政治的権力の増大を目指して、対抗勢力を形成すべく長期的視野、戦略的観点から支援組織を形成することの意義が強調されている（ハリス論文）[55]。まさにテンダロイン地区においても、

30th, 2004, A 1 参照)。THC の行動の経緯・現状については、同クリニックのホームページ（http://www.thclinic.org/）における The Tenderloin Housing Clinic : 25 Years of Improving Tenants' Lives（同クリニックの25周年記念式典〔2005年2月〕に配られたもの）が有益である。

(53) See RANDY SHAW, THE ACTIVIST'S HANDBOOK (U. California Press, 1996) (2d ed. 2001) 17-24（大方の論争は、ホームレスの物乞いなどの公共的規制問題に移り、居住ストックの拡充を論題にできなかったことが問題であったとする). なお、本書は、タイトルから受けるイメージよりも、長年の現場弁護士ならではの、地に足を着けた内容豊かなものであり、テンダロイン問題に関する必読文献の一つであろう。

(54) これは個別的な利益に左右される「単発者」（one shotters）と対置させて、長期的・継続的利益を考慮して専門家的にコミットする者として捉えられ、そうした者が有利で構造的利益を有するという含意がある。M・ギャランター教授（ウィスコンシン大学）の論文（Marc Galanter, *Why the "Haves" Come Out Ahead : Speculations on the Limits of Legal Change*, 9 LAW & SOC'Y REV. 90 (1974)) でクローズアップされた。

(55) Beth Harris, *Representing Homeless Families : Repeat Player Implementation Strategies*, 33 L. & SOC'Y REV. 911, at 912-13, 915 (1999). またさらに、コンテクストはやや異なるが、AUSTIN SARAT ET AL. EDS., CAUSE LAWYERING : POLITICAL COMMITMENTS AND PROFESSIONAL RESPONSIBILITIES (Oxford U. P., 1998) 7 ～ ; do., CAUSE LAWYERING AND THE STATE IN A GLOBAL ERA 13 (Oxford U. P., 2001) も参考になる（イデオロギー的再配分プロジェクトを個人的義務として追求するために、顧客や事例を選ぶのが

コミュニティ再生団体の形成（組織作り、活動計画の立案）の核となり、低所得賃借人の居住安定に向けてのシナリオを築いていくという役割が要請されていると言えるのではないか。

　また第2に、貧困者の居住を支えるものは、言うまでもなく、住宅という「容れ物」のハード面の確保で終わるものではなく、聖アントニー財団の諸活動からもわかるように、医療、中毒からの回復（リハビリ）、更生、雇用復帰に向けた斡旋・職業訓練、子どもの教育、家族関係の修復、衛生管理、食生活の改善など多岐に亘っている。それに対応して、関係するスタッフも、法律家以外に、医療、福祉関係、精神衛生や家族問題のソーシャルワーカー等多方面に及ぶわけであり、それらの専門家の横の連携をつけて社会的ネットワーク（social network）を張っていく役割が現代的に要請されていると言えるであろう（これは、法律家に限られない）。

　その意味で、パトナム教授（ハーバード大学）らが注目する社会資本的なコミュニティ形成の現場的実践[56]の一つとして、テンダロイン地区の草の根団体の取組は注目されて、まず、「団体」ないし「組織」の理論的意義としても——かつて効率性の見地から垂直的統合の意義が強調されたが（ウィリアムソン教授）[57]——むしろ「水平的」（horizontal）に専門横断的な多機能の連結（ネットワーク化）をはかるという側面は、もっと光が当てられてよいであろう。

　さらにこのことは、種々の類似の問題を抱えるわが国の状況に翻って考察を加える際にも示唆するところは少なくないのではないか。すなわち、確かに、例えば、オフィス化、マンション砂漠化の波、あるいはホームレス問題に凌駕されつつある大都市圏でのこうした公共運動の盛り上がりにはそれ程楽観視できない[58]。しかし他方で、地方

　　「目的をもった法律家行動」〔cause lawye ring〕だとする）。

(56)　これについては、テンダロインの事例については触れられていないが、ROBERT PUTNAM & LEWIS FELDSTEIN, BETTER TOGETHER : RESTORING THE AMERICAN COMMUNITY (Simon & Shuster, 2003) 6 ～ .

(57)　E. g., OLIVER WILLIAMSON, MARKETS AND HIERARCHIES (Free Press, 1975)（翻訳は、浅沼萬里他訳『市場と企業組織』〔日本評論社、1980〕）.

第 3 章　サンフランシスコ市貧困地区テンダロインのホームレス問題・居住問題

〔中山間地域〕コミュニティも、過疎高齢化の試練が深刻なだけに、草の根コミュニティ運動を通じた「地域からの挑戦」には興味深いものがあり（例えば、鳥取県智頭町の郵便・医療福祉・日用品消費・警察等の諸機能のネットワーク張りシステム形成をした「ひまわりシステム」の例）[59]、さらには、大阪市釜ヶ崎で模索されている日本型 CAN（これは、Community Action Network の略である）（ここでは、地元商店街、簡易宿泊所、社会福祉関係者、ホームレス支援者、大阪ガスなどのサラリーマンが参加する）も注目すべきであろう[60]。こうした真の意味の「地方自治」的コミュニティの息吹きを、（リストラ志向の）効率性論で絶やすことなく、むしろその公共的支援が今日的課題と思われる。

---

(58)　例えば、尾崎一郎「生き甲斐としてのコミュニティ」法社会学 55 号（90 年代日本社会の変動と諸改革）（有斐閣、2001）56 頁以下の醒めてシニカルなコミュニティ論を見よ。

(59)　例えば、寺谷篤「智頭町ひまわりシステム――『郵福システム』の創造」日本の地域と科学の出会い館編『ひまわりシステムのまちづくり――進化する社会システム』（はる書房、1997）45-52 頁では、智頭町活性化集団として、小集団間の水平型のリーダーシップ、連携（ネットワーキング）のメリットが強調されていて、本文に述べたこととも対応していて示唆するところは大きい。

(60)　これについてはさしあたり、炭谷茂「（講演）環境と福祉」居住福祉研究 3 号（2005）40-41 頁。その状況は、NHK ドキュメント 05『事務次官の休日』でも放映された（2005 年 6 月 13 日）。

第4章 札幌のホームレス問題と背景
——調査と支援活動からみえてきたもの——

椎 名 　 恆

はじめに

　私自身は、失業問題やホームレス問題の専門的な研究者ではなく、もともと建設の労働者や職人、あるいは業界の問題について、ずっと調査をしてきた人間です。

　北海道にまいりまして、建設業、建設労働者の問題を考えたときに、何といっても季節労働者の問題を知らないと、北海道では話にならないといわれまして、建交労さん、その当時は建設一般でしたが、いろいろお世話になりながら調査を始めました。

　その調査の過程で、みなさんご存じの拓銀の経営破綻があって、北海道の失業問題がたいへん大きな問題になり、社会的な問題に広がっていきました。職業安定所などに殺到している求職者と季節労働者がどういう関係にあるのかということで、職業安定所の求職者の調査などを手掛けるようになりました。

　その過程で、実は社会政策学会のほうで、ホームレスの問題で全国的な状況をつかみたい、学会の大会で共通論題でやるから、北海道のホームレスにいついて報告しろといわれました。私の同僚たちは、「北海道にはホームレスはいない」というのがだいたい共通認識でした。

　ところが、私が住んでいる北大の官舎のすぐそばにあるエルムの里公園に、明らかにホームレスと思われる人が、その当時で７、８人いました。その方々に接触するようになり、そのうち学生たちと調査をするようになって、その調査をするなかで学生たちが「『ホームレスというのは怠け者だ。もともとどこかおかしい人たちだ。おそろしい人たちだ』、そういう理解でいたけれども、実際に会ってみると、な

んだ普通のおやじじゃないか」と。ある女子学生などは「自分のおやじを彷彿とした」と、感想を語るものもおりました。

　そういう普通の人たちが、なぜ寒い北海道で、雪のなか野宿を強いられているのか。これはやはりどこかおかしいのではないか。何か自分らでそれを少しでも改善できるようなことをしたいということで、非常に初歩的な形ではありますが、支援活動が始まりました。なんとか続けて、今年で４年目になります。

　そのなかで、札幌の、北海道のといってもいいかもしれませんが、ホームレスの問題とはどういう問題なのか。それをきょうは、調査や支援活動のなかから見えてきたものとしてお話しさせていただいて、それとのからみで、必要な範囲で失業の問題を一緒に考えてみたいと思います。

　話の流れとしては、最初にホームレスとは何なのかということを簡単にご説明し、いま札幌や北海道でどれくらいいるのか、札幌の野宿者はどういう状況になっているのか、どういう経緯で路上へ出てきているのか、それから、もう少し広い意味で野宿者の現状について、特に健康面などを中心にご紹介させていただきます。

　それから、いったん野宿になると、そこから抜け出すのは非常に難しい、脱野宿というのは大変だという状況もいくつかありますので、ご紹介させていただきます。

　それから野宿者の予備軍です。これは季節労働者の冬期援護制度の存続がたいへん脅かされているという問題もありますし、一般の失業者が急増している。これも予備軍として無視できないのですが、そのへんの状況がどうなっているのか、若者の問題なども意識しながら、ご紹介させていただきます。

　最後に、ホームレスの施策として、いま基本にあるのは自立支援法の問題です。これは大体どういう内容なのか、支援活動をどういうふうにやってきたのかということ、そのなかで課題なども少しお話しさせていただくという流れで考えています。

第4章 札幌のホームレス問題と背景

1 ホームレス（野宿者）とは何か

ホームレスという場合、結論的にいいますと、いま国際的に流通しているホームレスの概念は「適切な自主的な住居に居住していない」人々や家族です。したがっていわゆる野宿者、路上生活者といわれる人も当然いますが、それ以外に知人や親族のところで宿泊している人、安い民間の宿の継続的な宿泊者、これはいわゆるドヤといわれるようなところの人たち、それから福祉施設の滞在者、最近では住宅を失う直前の人たち、非常に劣悪な住居居住者、こういう人もこの概念のなかに含めるようになっています。

日本のホームレス概念は、野宿者・路上生活者だけです。要するに家がない、外で暮らしている人という非常に狭い理解になっています。これはあとでいいますが、自立支援法のなかでも「『ホームレス』とは、都市公園、河川、道路、駅舎その他の施設を故なく起居の場とし、日常生活を営んでいる者をいう」と、日本の場合は法律が規定しています。

この点で欧米の考え方と非常に違います。非常に狭いということを最初に申し上げておきます。

2 野宿者の人数

① 全国的動向

こういう野宿の人たちがどれくらいいるのか。2003年1月に厚生労働省が自立支援法にもとづいて全国の調査をやりました。この結果、全国で2万5296人。東京、大阪に55％が集中しています。13大都市で、このなかには札幌が入りますが、計1万8599人。これが国が公式にカウントした数字です。日本の全都道府県でホームレスが確認されたのは今回がはじめてといわれています。

2001年の調査との比較でいいますと、大阪で若干減っています（1705人減）。それから6県ほど減っていますが、他は全部増えています（東京649人、福岡517人、愛知407人など40都道府県で増加）。

② 北海道内

道内でみるとどうなのかということですが（**資料1**）、私たちの「北海道の労働と福祉を考える会」で札幌市から委託を受けて調査をしました。2003年1月の調査では88人というのが札幌の数字です。道内9地域で合計144人、これが道レベルの数字です。2年前よりも札幌で20人、全道で62人増えています。ホームレスの問題は、北海道では札幌の問題だけでなくて、函館で25人、旭川が21人という数字がカウントされています。

きのう旭川の社保協や建交労などが教会の方々と一緒に支援企画をやって、カレーライスをつくり、いろいろ相談にのったという話を聞きました。22人集まったということです。大体20人強のホームレスが旭川にいるということははっきりしているようです。

そのほか、苫小牧、千歳がそれぞれ2人。これは役所がそういうカウントをしています。さらに小樽、富良野、江差、北村でも各1人。これが北海道が公式に確認している数字です。

そのうち、小樽が1人ということはなくて、小樽の人に聞けば、数人は確実にいるといわれています。その他、釧路にもいる、帯広にもいるという話が伝わってきていますので、これだけではないだろうと思います。

札幌は88人という数字ですが、実際に支援企画をやりますと、市

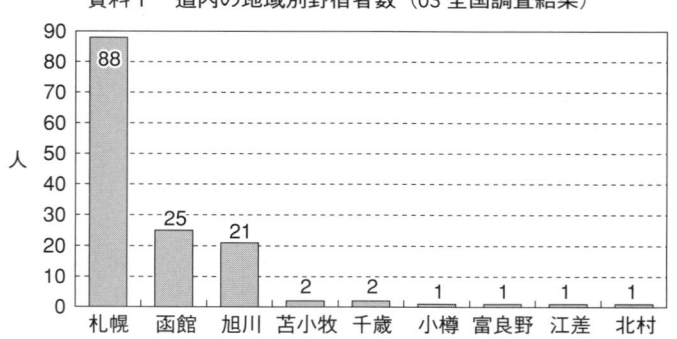

資料1　道内の地域別野宿者数（03全国調査結果）

札幌	函館	旭川	苫小牧	千歳	小樽	富良野	江差	北村
88	25	21	2	2	1	1	1	1

民会館に最大で来たのが2003年には126人、野宿の人が集まっています。ですからカウント仕切れていない状況があるのではないかと思います。

それから、いろいろ生活相談にのったり、仕事の相談にのったりして、毎年平均30人ないし40人ぐらい、路上から足を洗ってもらっているはずなんです。生活保護で居宅に移るなど。そういうことをやっているんですが、数は毎年毎年じりじり増えてくる。これはどういうことなのか。要するに、野宿の人たちが次々と追加的に流入している。追加的に発生する状況にあるということだろうと思います。

③ 北海道は日本最大のホームレス供給地帯

もう1つ指摘しておきたいのは、これも全国調査のデータでみたのですが、各地域で調査したなかで、出身地別のデータが部分的に公表されています。（資料2）

調べてみますと、たとえば船橋市にいる野宿者の4人の1人が北海道出身者です。東京でも9％近くが北海道出身者、横浜でも大体同じ。京都でも9％もいる。この札幌から京都までを合計してみますと、大体1割の人が北海道出身者という状況です。

したがって、北海道は、道内で野宿している人は東京、大阪、川崎等に比べて相対的に少ないのですが、実は全国にそういう人を供給している地域なんだということもみておく必要があろうと思います。たとえば出稼ぎの果てに大都市で野宿になるケースが少なからずあるのではないかということです。

資料2
都市別北海道出身者数とその割合

	調査回答野宿者数	北海道出身野宿者数	北海道出身者割合
札　幌　市	20	19	95
千　葉　市	20	2	10
船　橋　市	20	5	25
東　京　区　部	398	35	8.8
横　浜　市	91	8	8.8
浜　松　市	39	2	5.1
名　古　屋　市	199	11	5.5
京　都　市	88	8	9.1
以上8都市計	875	90	10.3

3 札幌の野宿者像

① 基本属性

野宿者とはどういう人なのか。札幌の場合の特徴でいきますと、年齢は全国的な数字より低くなっています(全国55.9歳、札幌48.7歳)。これはおそらく札幌で野宿をやるというのは相当体力がないとやれませんので、そういう意味では若い人でないともたないということがあるのだろうと思います。65歳以上になりますと、行政も放置できなくて、比較的生活保護を受けやすい状況があろうかと思います。55歳以上でも全国平気からみれば非常に低いウエイトになっています(全国59％、札幌15％)。

北海道は男性のウエイトがやや高い(全国男72％、北海道79％)。女性が路上で妊娠をしてということで、なぜか北海道では放映されていないですが、本州のテレビが盛んに放送しているようなケースも北海道にあります。

路上生活期間でみますと、北海道の場合は5年未満が非常にウエイトとして高い(全国63％、札幌80％)。要するに相対的に短い。1年未満が60％を占めます(全国31％、札幌60％)。ですから、それほどまだ路上生活にくたびれきっていない面をもっているという可能性があります。

仕事の有無ですが、ここも私などは野宿の人と季節労働者といつもダブってみえてしまうのですが、冬場、季節労働者もほとんど仕事がない。野宿の人も当然仕事がないわけで、札幌の野宿者は、冬場1割しか仕事をしていないということです(全国65％、札幌10％)。ただ、野宿者、あるいはホームレスというのは、日本の場合、浮浪者ではなくて、ほとんど日雇い労働者なんだという議論をしています。ですから札幌で10％しか働いていませんが、たとえば夏など、いろんな形で収入を得るために働く、あるいは廃品回収などをやる人が相当数いるということも申し上げておきたいと思います。

野宿になった理由では、「倒産や失業」をあげる人が、札幌の場合、

第4章 札幌のホームレス問題と背景

非常に高くなっています（全国32.9％、3位に対し、札幌は50％で1位）。全国的には一番多いのは、「仕事がなくなった」と答えているケースですが、札幌では、「倒産や失業」そのものをあげる人が半数に達する状況にあります。

② 寝場所

どういうところで寝ているのか（資料3）。全国の寝場所の作り方で一番多いのは常設の小屋・テントです。上野公園でも大阪城公園でもテント村ができあがっています。これが主流ですが、札幌の場合は簡単な敷物です。段ボールか何かを敷いてそのうえに、夏と冬では違いますが、寝袋や毛布などを敷いて寝る。その程度の敷物で寝場所をつくっているケースが主流です。

場所ですが、どこに寝場所をつくっているのか。全国的には公園が一番多くなっています。札幌の場合は駅舎、札幌駅のバスターミナルが非常に多くなっているようです。そのほか大通公園の地下鉄に入っていく地下道の入口階段など。これは公園にカウントされているか駅

資料3　寝場所

寝場所の作り方（全国、札幌）

	全国	札幌
その他	5.4	0.0
特に作らない	4.5	20.0
簡単な敷物	12.5	55.0
段ボール利用	23.2	25.0
小屋常設・テント	54.4	0.0

野宿場所（全国、札幌）

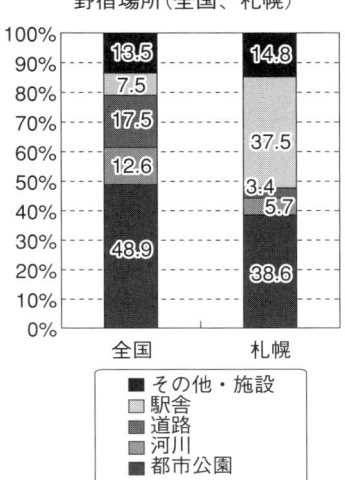

	全国	札幌
その他・施設	13.5	14.8
駅舎	7.5	37.5
道路	17.5	3.4
河川	12.6	5.7
都市公園	48.9	38.6

4 路上への道

① 職業経歴

野宿者の最長職と直前職、全国のデータと札幌のデータです（**資料4**）。最長職だけで比べてみますと、上から2番目と3番目が建設と土木関係の従業者、技能従事者、大工、左官その他の技能職種。全国

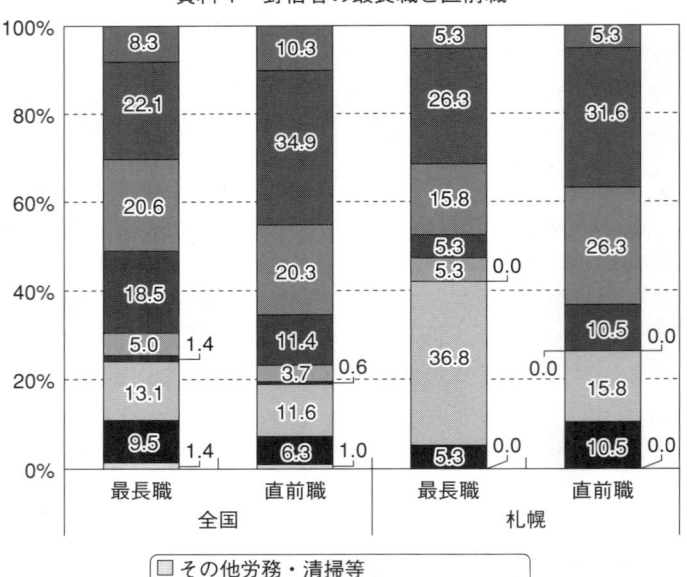

資料4 野宿者の最長職と直前職

	全国 最長職	全国 直前職	札幌 最長職	札幌 直前職
その他労務・清掃等	8.3	10.3	5.3	5.3
建設作業従事者（土木工、片づけ等）	22.1	34.9	26.3	31.6
建設技能従事者（大工、配管等）	20.6	20.3	15.8	26.3
生産工程製造（印刷含む）作業者	18.5	11.4	5.3	10.5
運輸・通信従事者	5.0	3.7	5.3	0.0
農林漁業作業者	1.4	0.6	0.0	0.0
保安・サービス従事者	13.1	11.6	36.8	15.8
管理・事務・販売従事者	9.5	6.3	5.3	10.5
専門的技術的職業	1.4	1.0	0.0	0.0

ではこの2つで大体42％ぐらい。札幌の場合も、最長職では大体42％、ほぼ同じです。土木のウエイトがやや高くなっています。直前職になると、この2つを合わせるとぐっと増えて、全国で55％ぐらい。札幌でも57％ぐらいです。

もともと山谷や釜ヶ崎のような寄せ場で求人が減って、ドヤに住めなくなった人がどんどん野宿をするようになった。近年の野宿の増大の発端は、こういう土木・建設などの日雇いの仕事・北海道では主に季節の仕事になりますが、この方々が仕事にあぶれたという状況だったわけです。

最近は、工場の生産部門の労働者をはじめとして、多様な労働者、運輸・通信、農林業、保安サービスの仕事、そういう多様なところから野宿に入ってくる傾向があるというのが、もう1ついわれているところです。

ですから、建設・土木だけではなくて、あらゆる層が野宿と接する可能性を持つようになっているということではないかと思います。

② **最長職→直前職にみる従業上の変化**

従業上の地位でどういうふうに変わってきているのか（**資料5**）。非常に大ざっぱにいいますと、直前職は概して臨時・パート・アルバイト。こういう不安定な雇用から野宿になる。その前に常用の正社員だったり、自営業であったり、経営者であったりという人が、いったん不安定な雇用につくか、あるいは直接野宿になるか、これはいろんなルートがあると思います。

最長職で目立つ雇用形態が常勤正社員です。これはさっき建設・土木の場合、たとえば日雇いでも常用という呼び方をします。1日いくらという賃金形態が常用という言い方になりますので、そういうのがかなり混入していて、普通の正社員だけではないと思います。

また「日雇い」と明確に答えているウエイトは、北海道の場合、より高くなっているという特徴があります。もう1つは、いわゆる臨時・パート・アルバイトです。ここから野宿に来るケースも非常に高くあるようです。

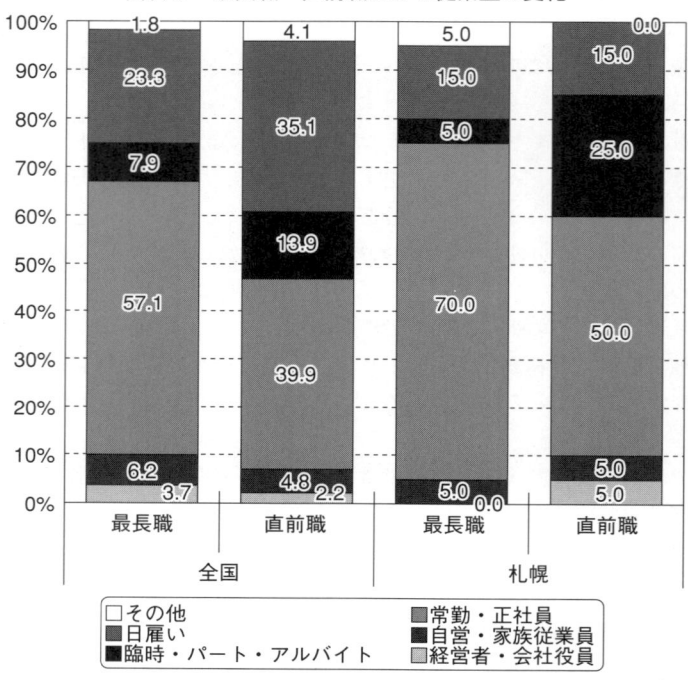

資料5　最長職→直前職にみる従業上の変化

	全国		札幌	
	最長職	直前職	最長職	直前職
その他	1.8	4.1	5.0	0.0
常勤・正社員	23.3	35.1	15.0	15.0
日雇い	7.9	13.9	5.0	25.0
自営・家族従業員	57.1	39.9	70.0	50.0
臨時・パート・アルバイト	6.2	4.8	5.0	5.0
経営者・会社役員	3.7	2.2	0.0	5.0

③ 野宿前の住居形態と寄せ場求職経験

どういう住まいにいたのか（**資料6**）。上が札幌、下が全国のデータですが、札幌の特徴はアパートです。ここから野宿に出てくる。彼らに聞くと、「おれはまだアパートあるんだけど、いまは野宿しているんだ」と。よく聞いてみると、アパートがあるといのは、部屋代を払わないで放置してカギをかけられて戻れなくなったというケースが多いようです。そういうアパートから野宿に転じるケースが、札幌では全国に比べるとかなり目立ちます。

山谷、釜ヶ崎、寿町など寄せ場とのからみでいいますと、全国的には36％が寄せ場で働いたり、暮らしたりした経験がある。これに対して札幌では15％。北海道には寄せ場はないということになってい

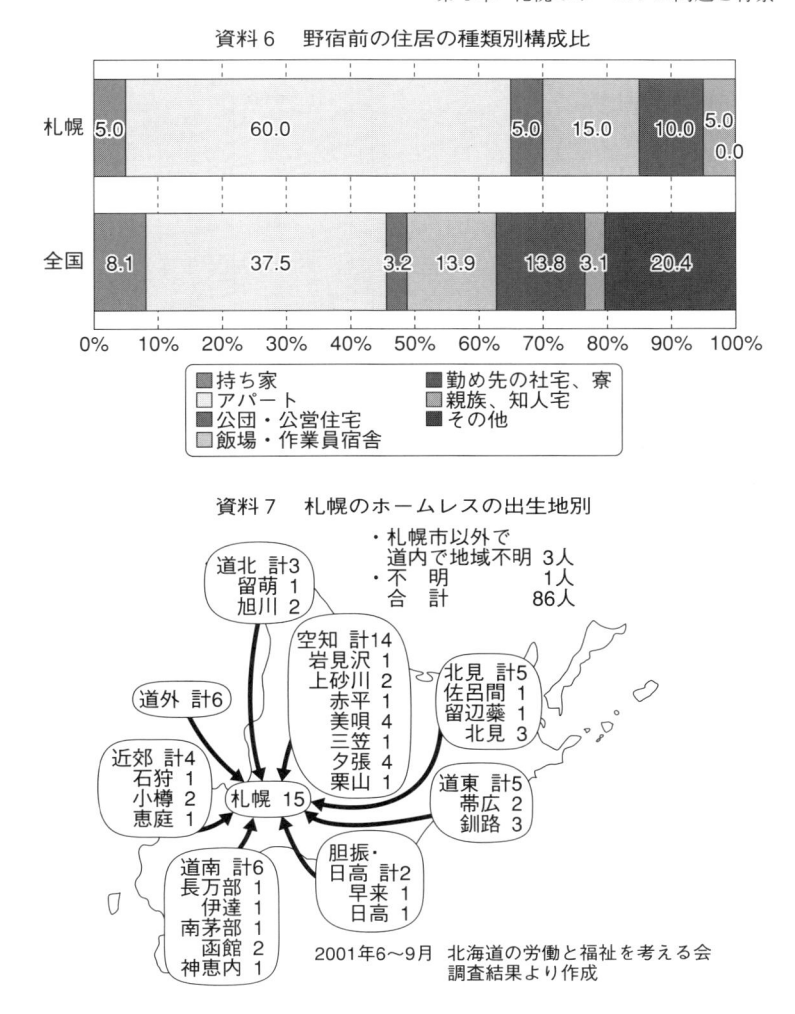

第4章 札幌のホームレス問題と背景

資料6　野宿前の住居の種類別構成比

	持ち家	アパート	公団・公営住宅	飯場・作業員宿舎	勤め先の社宅、寮	親族、知人宅	その他
札幌	5.0	60.0			5.0	15.0	10.0 / 5.0 / 0.0
全国	8.1	37.5		3.2	13.9	13.8 / 3.1	20.4

資料7　札幌のホームレスの出生地別

・札幌市以外で
　道内で地域不明　3人
・不　明　　　　　1人
　合　計　　　　86人

道北　計3
　留萌　1
　旭川　2

空知　計14
　岩見沢　1
　上砂川　2
　赤平　1
　美唄　4
　三笠　1
　夕張　4
　栗山　1

北見　計5
　佐呂間　1
　留辺蘂　1
　北見　3

道外　計6

近郊　計4
　石狩　1
　小樽　2
　恵庭　1

札幌　15

道東　計5
　帯広　2
　釧路　3

道南　計6
　長万部　1
　伊達　1
　南茅部　1
　函館　2
　神恵内　1

胆振・
日高　計2
　早来　1
　日高　1

2001年6〜9月　北海道の労働と福祉を考える会
調査結果より作成

ますので、おそらく本州の寄せ場などで一時働いて、そのあと野宿になったのだろうと思います。

④ 出生地・出身地の示すもの

もう1つ、これはぜひ強調したいデータの1つですが、いま札幌でホームレスをやっている人たちの出身地です（**資料7**）。これは全部で66人のデータですが、このうち道外の人は8人、58人は道内出身の人です。道内生まれの人が札幌でいま野宿をしている。道内のうち、地元札幌の人が19人。それとほぼ同じウエイトがあるのは空知です。上砂川をはじめとして三笠とか夕張とか、空知地域で生まれた人たちがいま札幌で野宿しています。

そのほか特徴的なのは、全道いろんなところで生まれた人がいま札幌で野宿になっています。特に空知のような旧産炭地などに代表される低所得地域での貧困や失業がホームレスにつながってきているということがかなり伺えます。札幌のホームレスを通じて北海道の貧困と失業が浮かび上がってくると感じています。

5 野宿者の現状

① 命がけのホームレス暮らしと健康

（高い有病率）

彼らの健康状態についてのいくつかのデータをあげておきます（**資料8**）。札幌で、具合の悪いところでやや目立つのは高血圧です。あとは全国的な傾向とほとんど差はないです。「症状はない」という人は非常に少ない。みんな何らかの具合の悪いところを抱えている状況です。

② 2002年末の健康診断結果から

昨年暮れに学生たちの会が、市民や、特に勤医協さんの全面的なバックアップをいただきながら、札幌市が一定の財政的な援助をして、本格的な健康診断をやりました（**資料9**）。そのとき受診した人は46人。その内訳は、「異常なし」はわずか5人。「すぐ治療する必要がある」が6人おりました。「精密検査が必要」という人が1番多くて21人。この6人や21人は可能な限り本人に通知をして、特に6人は入院して措置するという経過をたどりました。

第4章 札幌のホームレス問題と背景

資料8　身体の具合の悪いところ

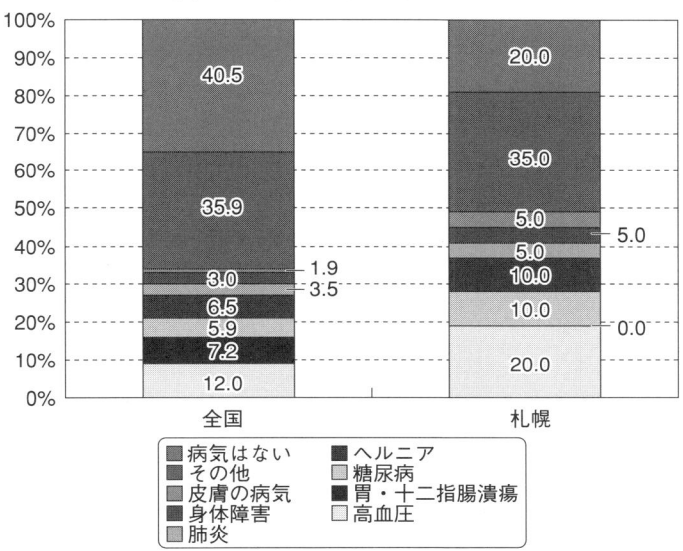

	全国	札幌
病気はない	40.5	20.0
その他	35.9	35.0
皮膚の病気	1.9	5.0
身体障害	3.0	5.0
肺炎	3.5	5.0
ヘルニア	6.5	10.0
糖尿病	5.9	10.0
胃・十二指腸潰瘍	7.2	0.0
高血圧	12.0	20.0

資料9　健康診断の判定結果

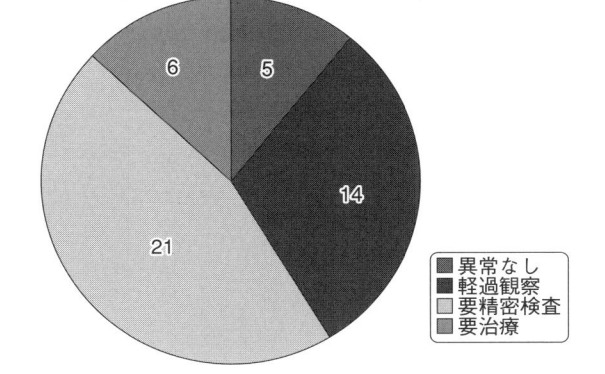

- 異常なし: 5
- 軽過観察: 14
- 要精密検査: 21
- 要治療: 6

109

そのほか、業務上の疾病でじん肺の患者さんが1人見つかりまして、これは建交労さんを通じて労災の保障の申請を出すという対応をはかりました。

全体として健康上の障害が社会復帰の障害になっている例が少なくないこと、疾病としては、さっきいった高血圧のほかに、糖尿病、腹水、心筋梗塞、肺疾患、肝臓疾患、胃潰瘍などがあります。野宿者の救済に、行政と医療機関の役割はたいへん大きいということをあらためて確認しました。

③ 精神的苦痛——人格の損傷

もう1つ強調したいのは、駅その他で野宿の人を見たときに、たとえば酒盛りをやっていたり、こわい目をしてにらみつけられたり、いろいろ経験があると思いますが、ああいう暮らしをすること自体が、実は野宿の人たちにたいへん大きな精神的な苦痛を与えて、それがその人の人間性をいろんな意味で変えさせる状況にあるのではないかということです。

これはさきほどいいました、じん肺が判明したSさんが書いてくれた文章ですが、「飢えと寒さ、毎日食べるものがなくて、1日1食のパンなどをとって、夜は死ぬかと思った。食べ物のことなど何日も考えた日がありました」。こういうことを書いています。

こういう思いを毎日毎日続けたときに、その人がどういう精神状況になるのかということです。それに加えて、放火とか投石とか暴行が日常的にある。そういうなかで、やけになってしまう、自暴自棄状態になってしまうということもありうるだろうと思います。

たとえば札幌駅の南側のベンチの上に、雨が降っても平気で寝ている。「濡れるけど大丈夫か」と聞いても「いいんだ、いいんだ」と、そういう暮らし方になるケースが生じるだろうということです。

そういうなかで、「うれしかったことは1つもない」「悲しいことばかりだ」「昔のことを思い出すと酒でも飲まないとやってられない」、あるいは「自分が悪いからこうなったんだ」と、自分を一生懸命責めている。そういう状況があるということです。

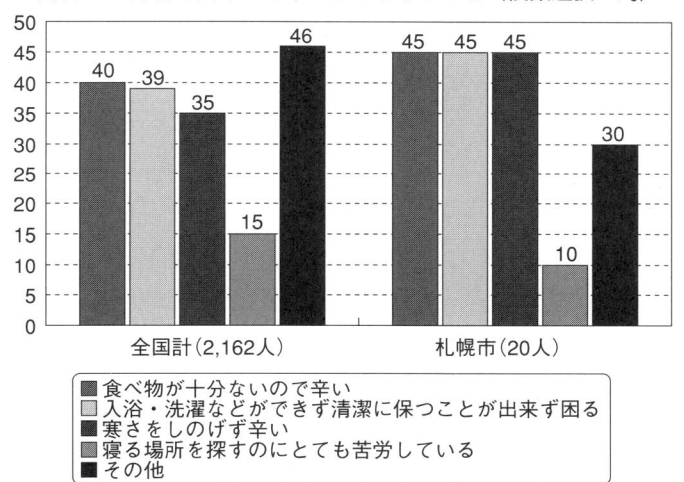

資料10　野宿で困ったり辛かったりすること（複数選択・％）

	全国計(2,162人)	札幌市(20人)
食べ物が十分ないので辛い	40	45
入浴・洗濯などができず清潔に保つことが出来ず困る	39	45
寒さをしのげず辛い	35	45
寝る場所を探すのにとても苦労している	15	10
その他	46	30

「野宿で困ったり辛かったりすること」ですが（資料10）。彼らがあげているのは食べ物。それから入浴・洗濯、清潔さが保てない。3つ目が寒さをしのげない。全国に比べると、その3つとも非常に高くなっています。札幌の野宿者は冬はつらいことということです。

たとえば生活保護の相談にいって、「アパートで普通に暮らそうよ」という話をすると、最初は、「どうせ役所なんかあてにならないからいいんだ」とか、「いまに仕事が見つかるからなんとかなるんだ」ということで拒否していた人も、いよいよ行き詰まって生活保護でアパート暮らしなどを希望するようになります。

6　閉ざされる脱野宿

① 社会的・就労自立への道

そういう方が相当数いるのですが、その方々がアパートに入ってアパート暮らしを始めても、たとえば3年4年野宿をやっていますと、生活習慣がやはり普通の人とはかなり違うので、それを元へ戻す、普通の関係を近隣の人と、あるいは大家さんなどと形成することは難し

いということで、また生活が行き詰まってしまうケースが少なからずあるようです。

それから仕事を探しているということです。冬ということもありますが、それでも札幌の場合は52％も仕事を探しているという状況で、仕事をやる意欲は非常に高い。

さっきもいいましたが、いまのホームレス、野宿者は浮浪者ではなくて、単なる失業した日雇い労働者だという議論があります。仕事をやろうという意識はあるんですが、それが非常に難しいという条件もたいへん多い。

たとえば職業安定所で希望する仕事を見つけて、窓口へもっていって「この仕事をやりたい」といっても、「じゃあ、会社に連絡して、その結果を電話しますから、電話番号を教えてください」といわれても、彼らは電話は普通はないわけです。「じゃあ、手紙で出すから」といっても住所もないわけです。そういうなかで、会社の方が、野宿だというのを知ると、通常は「今回はご遠慮ください」ということで、なかなか雇ってもらえないということになるのがオチです。そういう困難な条件がたいへん多い。

健康上の制約も非常に多い。それから長く一生懸命再就職の努力をしていても、それがかなわないということであきらめてしまう。これも彼が悪いのかどうか、簡単にそうはいえない状況があるだろうと思います。

それから保証人ですが、野宿をやっている人のどれぐらいかは分かりませんが、おそらく1、2割ぐらいは、借金などで追い詰められて、身を隠したり逃げ回ったりというケースがあります。そういう方々は、保証人といわれても、保証人を見つけることはまずできませんので、こういうところで自立する道を閉ざされてしまうということがあるようです。

今後何を望むのか（**資料**11）。きちんと就職したい。全国の野宿者もそうですし、札幌の野宿者も非常に高い割合で、きちんと就職して働きたい希望をもっている。浮浪者ではないというのは、このへんに

第4章 札幌のホームレス問題と背景

非常にあらわれています。働く意欲を基本的にはもっている人たちです。

ところが、求職活動をしない人はなぜしないのか（資料12）。1つ

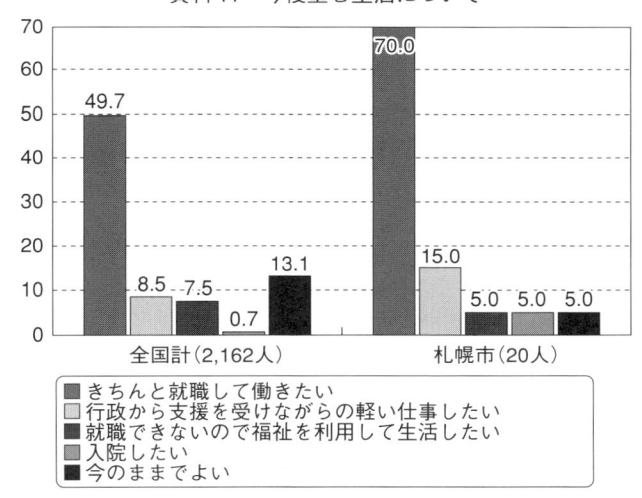

資料11　今後望む生活について

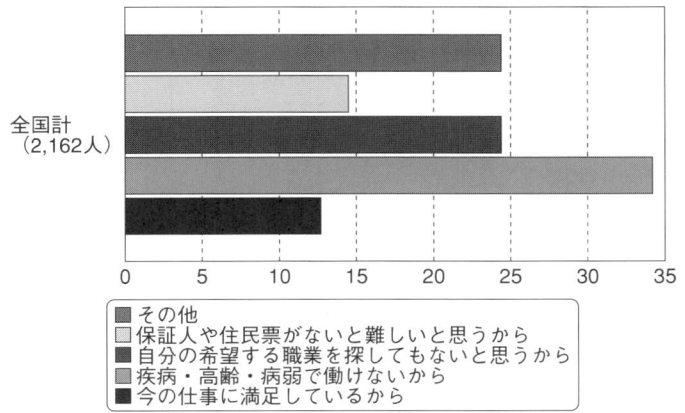

全国計（2,162人）：きちんと就職して働きたい 49.7／行政から支援を受けながらの軽い仕事したい 8.5／就職できないので福祉を利用して生活したい 7.5／入院したい 0.7／今のままでよい 13.1

札幌市（20人）：きちんと就職して働きたい 70.0／行政から支援を受けながらの軽い仕事したい 15.0／就職できないので福祉を利用して生活したい 5.0／入院したい 5.0／今のままでよい 5.0

資料12　仕事を探さない理由（全国：1489人、複数選択、％）

全国計（2,162人）
- その他：約12
- 保証人や住民票がないと難しいと思うから：約34
- 自分の希望する職業を探してもないと思うから：約24
- 疾病・高齢・病弱で働けないから：約14
- 今の仕事に満足しているから：約24

は病気です。疾病、高齢、病気などでもう無理だとあきらめた。保証人とか住居がないと難しい。住民票がないと難しい。それから希望する仕事がないというのが4人に1人ぐらいになっています。

② 劣悪で無権利な路上からの仕事先

そのなかで札幌で働いている野宿の人たちがどういう仕事をやっているのか。いままで一番目立ったのは廃品回収。エルムの里公園の人は半数以上の人は廃品回収をやっていました。いまこの人たちはいなくなっていますので、一定の定まった空間がないと廃品を回収してきても、それをおいて置く場所がないとできないということで、日常、移動する野宿者の間ではあまりやれないようです。

それ以外、札幌駅などで、いまでもヤクザが手配師みたいな格好で、野宿者に「ちょっと兄さん、いい仕事があるよ」と、声をかけるそうです。これは数年前から彼らはほとんど知っていますが、こういう仕事に行くと、ろくに仕事もないのに、「宿代だ、飯代だ、布団代だ」というのを取られて、要するに借金が膨れ上がっていくんで、「おれは行かない」と、みんなそういって、あまり行きたがりません。

それからこれは（2003年）春にいたんですが、製薬会社などが新薬の実験をよくやりますが、これでホームレスを特に対象にしぼって集めてやる仕事があるそうです。あるケースでは九州の福岡あたりから人を集めて来て、そこへいった人が骨になって帰ってきた。そういう仕事もせざるを得ないぐらいお金に困るという状況があります。

それから、これもヤクザなどに頼まれてパチンコ屋の閉店時の順番取り。これで2、3時間、順番取りで並んで、なにがしかの小遣いをもらったり、サンドイッチマンをやったり。わりとまともな方の仕事で、日払いを引っ越し作業。これも、毎日こちらから会社に電話で「あした、仕事あるかい」と聞いて、「ある」といえば働く。そういう仕事として働いている人がいます。そのほか清掃員をやっている人、土木の普通の作業員として働いているケースもあります。

そういう形で、いまの現役労働者からみると、おそろしいような仕事ですが、労働者が労働力の窮迫販売をするときに、放っておけばこ

第4章 札幌のホームレス問題と背景

ういう状況が、野宿の人に限らず広がることを示唆しているのではないかと思います。

7 野宿者と予備軍増大

① 企業の採用で増加する不安定雇用

少し話が変わりますが、いままでは野宿者そのもののところでお話をしてきましたが、これはホームレスの自立支援法でも、ホームレスになりそうな、なる可能性のある人たちに対する施策が重要だということをいっています。放っておけば、いまの雇用政策ではますます増えると思いますが、その予備軍の増大の状況を少しみていきたい（資料13）。

1つは、企業そのものが不安定雇用を増やす。これは『国民生活白書』のデータですが、新規学卒採用は減らすという傾向が非常に強い。中途採用もどちらかといえば減らす。

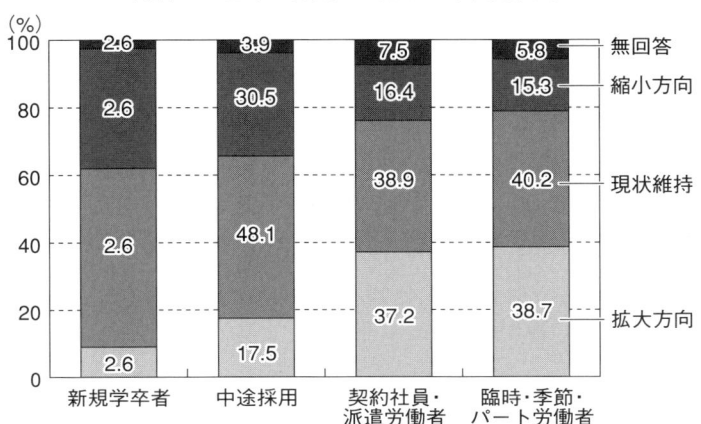

資料13 企業の採用で増加する不安定雇用

	新規学卒者	中途採用	契約社員・派遣労働者	臨時・季節・パート労働者
無回答	2.6	3.9	7.5	5.8
縮小方向	2.6	30.5	16.4	15.3
現状維持	2.6	48.1	38.9	40.2
拡大方向	2.6	17.5	37.2	38.7

（備考）1．日本労働研究機構「事業再構築と雇用に関する調査（企業調査）」（2002年）
　　　　2．「貴社における雇用戦略について伺います。貴社の戦略にあてはまるものを全て選んでください。」という問に対する回答者の割合。
　　　　3．対象は、従業員数300人以上の企業1,683社。

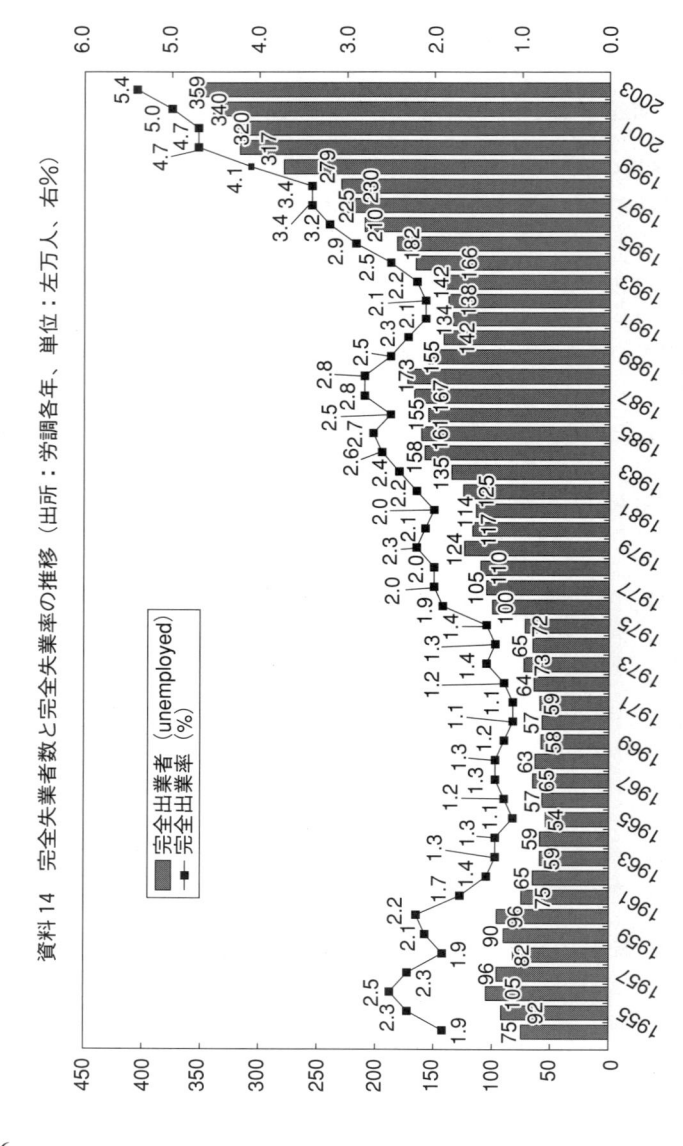

資料 14 完全失業者数と完全失業率の推移（出所：労調各年、単位：左万人、右％）

第4章 札幌のホームレス問題と背景

これに対して、「拡大する」が増えているのは契約社員、派遣労働者、臨時、季節、パート労働者。季節労働者を拡大するというのはどういうことなのか、よく分かりませんが、これがいまの企業の基本的な戦略になっているのは周知のことだろうと思います。

② 失業者急増・長期化と失業率の上昇

こういうなかで失業率が年々上がってきているのは、いうまでもありません（資料14）。これは全国の数字です。線の方が失業率で、帯の方が完全失業者の数です。2002年までの数字が出ています。90年代はじめ以降、ほぼ10年間一貫して増えてきて、絶対数でも倍以上になっています。

③ 長期失業者の増大

失業者が増えているだけではなくて、その失業期間が長期化しています（資料15）。これも国の資料ですが、一番下が失業期間1年以上です。100万人をはるかにこえる状況になっています。ご存じのよう

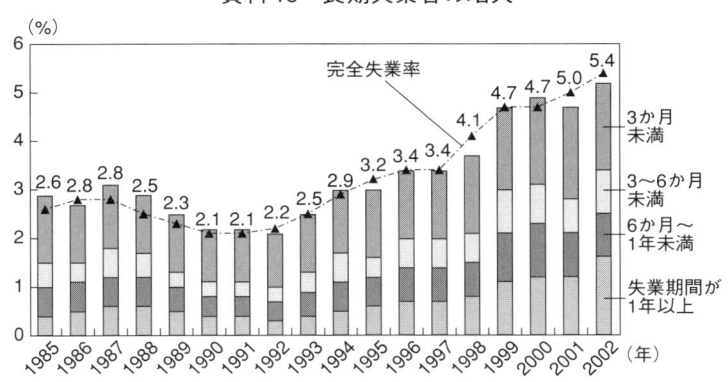

資料15　長期失業者の増大

（備考）1．総務省「労働力調査特別調査」、「労働力調査」により作成、
2．失業期間別完全失業者の労働力人口に占める割合及び完全失業率の推移。
3．失業期間については、1985年～2001年は「労働力調査特別調査」の各年2月の値、2002年は「労働力調査（詳細結集）」の年平均を利用。
4．完全失業率については、「労働力調査」の年平均を利用。

に1年以上ですから、よほど特殊な、炭鉱離職者など以外は基本的に失業給付が得られないので、何の保障もないなかで失業を余儀なくされている人がこれだけいるということになります。

④ 建設・季節労働者の苦境

北海道の場合、建設の季節労働者、これは建交労さんに協力していただいて、冬期講習の参加者のアンケートをとったものの一部ですが(**資料16**)、「春以降仕事に就けなかった場合、どうしますか」という問いに、「建設にこだわらない仕事を探す」というのが圧倒的に多い。それから「職安に掛け合う」というのが目立ちますが、これと「ホームレスについてどう思うか」というのをクロスしたものです。

季節労働者がホームレスについてどう思っているのは、一番メインの答えは「政治・行政の怠慢を感じる」が43％です。政治の問題だと、みなさん的確にとらえている。同時に、「明日は我が身と思ってしまう」のが39％います。この134人、39％の人について、「春以降仕事につけなかった場合、どうするのか」、その割合をみていきますと、非常にパーセンテージの高いものがあります。

たとえば「山谷、釜ヶ崎などの寄せ場へ行く」というのは4人しかいませんが、4人中3人はホームレスを「明日は我が身と思ってしまう」と答えています。それ以外にも、「蒸発夜逃げをまじめに考える」が346人中6人もいます。これはまさに野宿者の予備軍だと思いますが、このうちの4人がやはりホームレスは「明日は我が身」だと、自分の問題になっています。

それから「福祉事務所に相談する」は21人もいますが、これはもう生活保護を頼まざるを得ない。この人たちの半数強（52％）が「明日は我が身」。それから「失業事業の復活」、これはいまでいえば公的就労事業ですが、これを望む人も22人。そのうちの過半数がやはりホームレスのことは「明日は我が身」だと思ってしまう。

そのほか、「生活費を借金する」。借金しかなくなる。これはサラ金などにもし借金すれば、返済の問題で今度は夜逃げが待っています。これは78％非常に高い。それから「どうしていいか分からない」人

資料16　季節労働者の4月以降仕事につけなかった場合の対応別ホームレス観

上段：実数　下段：％

		4月以降仕事につけなかった場合														
		合計	建設業にこだわらず仕事を探す	出稼の仕事を探す	農林業や漁業等に戻る	家族の世話になる	山谷、釜が崎などの寄場に行く	時間をかけ資格を取って就職	今後働く事をあきらめる	貯えの続く限り仕事が出るのを待つ	職安に掛け合う	組合に相談する	蒸発夜逃げをまじめに考える	自分で仕事を探して自営する	福祉事務所に相談する	失業対策事業の復活を求める	生活費を借金する	どうしてよいかわからない	その他
ホームレスについてどう思うか	全体	346 100	253 100	61 100	15 100	21 100	4 100	25 100	11 100	37 100	103 100	16 100	6 100	44 100	21 100	22 100	9 100	54 100	27 100
	哀れみを感じる	91 26.3	72 28.5	11 18	4 27	8 38		4 16	2 18	13 35	33 32	6 38	1 17	15 34	5 24	8 36	1 11	17 32	5 19
	怠け者だ	63 18.2	45 17.8	17 28	3 20	3 14		3 12	2 18	8 22	19 18	3 19	1 17	10 23	3 14	4 18	1 11	6 11	7 26
	政治・行政の怠慢を感じる	150 43.4	119 47	28 46	9 60	12 57	3 75	15 60	7 64	16 43	53 52	8 50	2 33	20 46	14 67	12 55	4 44	27 50	11 41
	明日は我が身と想ってしまう	134 39	108 43	26 43	5 33	9 43	3 75	12 48	3 27	10 27	44 43	7 44	4 67	17 99	11 52	12 55	7 78	31 57	8 22
	なんとか助けたいと思う	69 19.9	52 20.6	12 20	3 20	5 24		6 24	3 27	11 30	20 19	4 25		13 30	4 19	3 14	2 22	10 19	8 30
	駅などで見ても顔をそむけたくなる	18 5.2	15 5.9	1 1.6		1 4.8		1 4	1 9.1	2 5.4	5 4.9			2 33	1 2.3	1 4.8		4 7.4	1 3.7
	人生の敗北者だと思う	63 18.2	47 18.6	17 28	4 27	1 4.8		5 20	3 27	8 22	17 17	3 19	1 17	5 11	1 4.8	3 14	1 11	6 11	10 37
	その他	19 5.5	17 6.7	3 4.9	1 6.7	2 9.5	1 25	1 4		3 8.1	6 5.8	1 6.3	1 17	2 4.5	1 4.8			2 3.7	3 11

もいます。

　こういう状況で、北海道の場合には、この人たちのホームレスとのつながりは、たいへん大きいのではないかと、残念ながらいわざるを得ないと思います。

⑤ 北海道の野宿者予備軍

資料17は、あまり正確なデータではないんですが、季節労働者、職安求職者、野宿者それぞれの私が具体的に調査をした労働市場に出た学卒時の時期です。時期ごとに、たとえば高度成長前期の時期に季節労働者の労働市場に出た人は7人。それに対して、職安求職者の職歴、学歴などを聞いたもので、やはり同じ時期に労働市場に出た人が2.9人。一番上がいま野宿をやっている人で2.2人。

この3つの関係は、客観的にはこの野宿の割合はこれらの数の1割以下。実際はもっとすくなりますが、調査をした人数をそのまま載せてありますので、こういう資料になります。少なくともいえることは、いま野宿者の状態と季節労働者の労働市場に出てきて以降の経緯は非常に重なっている面があるということです。

それに対して職業安定所の求職者は年齢も相対的に若いのですが、この人たちはまだいまは野宿になっている人はそれほど目立っていないということがいえそうです。ですから季節から野宿へという傾向に加えて、今後この人たちが野宿化する危険性も非常に出てくるのではないかということです。

資料17　時期別にみた北海道の季節労働者・職安求職者・野宿者の年平均学卒者人数の変動（単位：人）

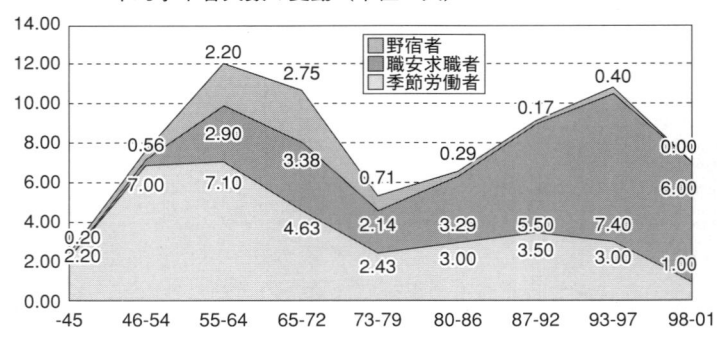

出所：筆者調査。
注：各調査の別個の人数を学卒時期別に重ねたため、人数の相対的な関係は実態を必ずしも示さない。

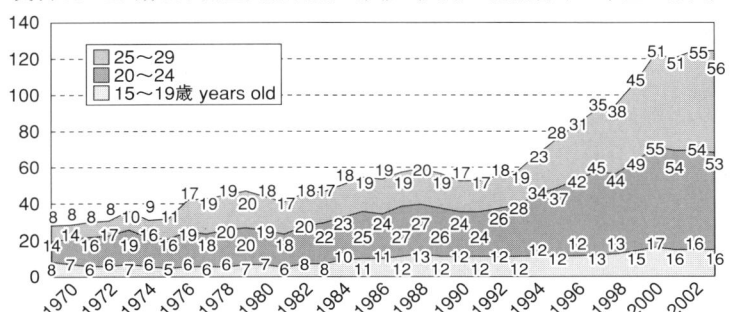

資料18　29歳以下完全失業者数の推移（出所：労調各年　単位：万人）

⑥ 急増する学卒未就職者・中退者

その職安の求職者に関連して、職業安定所にいきますと、比較的若い人が多いのですが、そのなかでも、いま非常に問題になっているのは、ご存じのフリーターです。

　　注）フリーターの定義は、15歳から34歳の若年（ただし学生と主婦を除く）のうち、パート・アルバイト（派遣等を含む）及び働く意思のある無業の人

フリーターがどういう状況なのか。これも国の数字ですが、1990年には183万人だったのが、いま417万人。15歳以上34歳以下の5人に1人がフリーターという状況だといわれています。**資料18**は各年齢層別に推移をみたものです。

それから新規学卒の就職難。就職内定率は高卒で97年の96.7％から03年は90％へ。大卒でも94.5％から92.8％へ下がってきています。

都道府県別に年齢階層別の完全失業率を比較してみますと（**資料19**）、北海道は全国的な水準に比べると、まだいい方です。西日本はなぜか非常に高い。沖縄、四国などが異常に高くなっているのが目立ちます。

⑦ 下層労働市場を支える青年労働者

若者はいま、どういう労働市場にいるのか（**資料20**）。これも国のデータですが、若年人口はほとんどこの11年間増えていない。就業

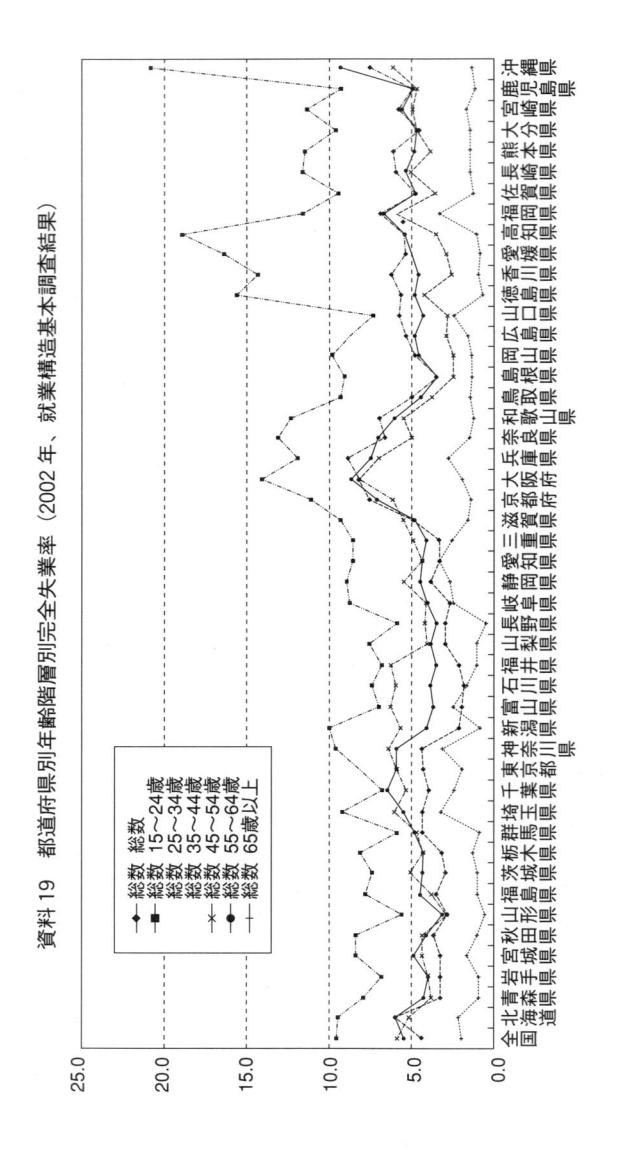

資料19 都道府県別年齢階層別完全失業率（2002年、就業構造基本調査結果）

第4章 札幌のホームレス問題と背景

資料20　下層労働市場を支える青年労働者

(万人)

若年の雇用形態			1990年	2001年	差
若手人口			3,453	3,453	＋0
	就業者		1,886	2,064	＋178
		雇用者	1,673	1,929	＋256
		正社員	1,412	1,414	＋2
		パート・アルバイト	261	515	＋254
	自営・その他		213	135	▲78
	失業者		68	150	＋82
非労働力人口			1,477	1,233	▲244

(％)

	1990年	2001年	差
失業率	3.5	6.8	＋3.3
雇用者に占めるパート・アルバイトの割合	15.6	26.7	＋11.1

(備考) 1．総務省「労働力調査特別調査」により作成。
　　　 2．若者の雇用形態別人数、失業率及び雇用者に占めるパート・アルバイトの割合の変化。
　　　 3．「正社員」とは、常用雇用の正規の職員・従業員。
　　　 4．「パート・アルバイト」とは、雇用者全体から「正社員」を除いた人。
　　　 5．対象は、15～34歳の人。
　　　 6．若者人口には無回答を含んでいるため合計は一致しない。

者は176万人増えています。雇用者のうちの正社員は2万人しか増えていないのに対し、パート・アルバイトは254万人も増えています。失業者も82万人増えています。要するにこのパート・アルバイト・失業者がフリーターになるわけです。

　もう1つ、統計上の失業者から求職活動をしていないとして除かれている非労働力人口についていえば、全体としては減っています。この中身も進学率が非常に左右しているのですが、非労働力人口のうち進学でも家事でもない若者が増えているという問題がもう1つあります。

失業率は 3.3 ポイント。雇用者に占めるパート・アルバイトの割合も 11 ポイント増えているということで、日本の下層労働市場を、いま青年たちは急激に担う存在になっているということだろうと思います。

⑧ 青年の就業希望と失業期間

なぜ若者がパート・アルバイトでフリーターになるのか。非常にはっきりしているのは、失業者も正社員を希望しているんです（**資料21・22**）。ところが再就職できた人では、正社員はこれしかいない。再就職するにはこうならざるを得ない。こういう求人しかないということです。

⑨ 新規学卒就職率とフリーターの増大

正社員を希望し続けているとなかなか失業が終わらないという状況にあります。それに対して早く働かなくてはいけないとなると、パート・アルバイトということになっているようです。

それから自営などを希望しても、これは非常に準備期間がいるということで、長期化するということです。

⑩ 道内の非労働力人口中の若者「無業者」の増大

この間の新聞にも出ておりましたが（「道新 03・12・2」）、道内の新規学卒者で進学も就職もしなかった人は 1 万 2000 人います。その比率は学卒者全体の 15％、大卒者で 26％、4 人に 1 人です。

要するに進学も就職もしないという人は、求職活動をしないと失業者ということにはならない。かつ通学もしていない、家事もしていないというと、無業者のうちの「その他」と統計上はカウントされます。「その他」という人の数を 34 歳以下で追ってみますと、これは北海道だけの数字ですが、91 年に 2 万人だったのが、2002 年には 4 万人。2 倍に増えています。

いってみれば、引きこもり的な青年たち、若者たちがこんなにいる。30 過ぎても引きこもっている人がたいへん多いというのが、こういう形で出てきていると思います。

札幌市の福祉事務所の方でやったホームレス問題の学習会のときに

資料21　失業者の就きたい就業形態とこの1年に再就職した人の就業形態

正社員を希望　パート・アルバイトを希望　その他・自営業を希望

	正社員を希望	パート・アルバイトを希望	その他・自営業を希望
失業者	63.4	30.1	6.5
再就職した人の就業形態	44.4	51.0	4.7

(%)

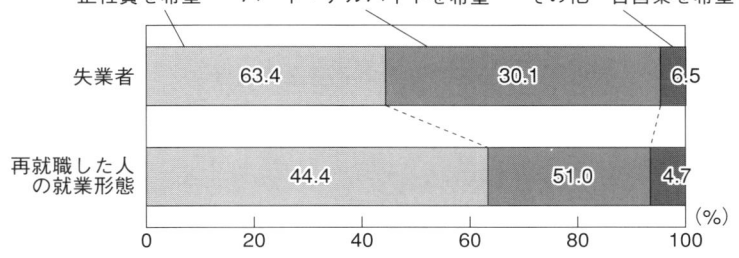

資料22　求職活動期間別の失業者の就きたい就業形態

正社員を希望　パート・アルバイトを希望　その他・自営業を希望

（求職活動期間）	正社員を希望	パート・アルバイトを希望	その他・自営業を希望
1か月未満	51.1	45.1	3.8
1～3か月未満	63.8	32.3	3.8
3～6か月未満	67.9	29.6	2.6
6か月～1年未満	70.3	24.0	5.7
1～2年未満	62.5	22.7	14.9
2年以上	69.1	13.4	17.5

(%)

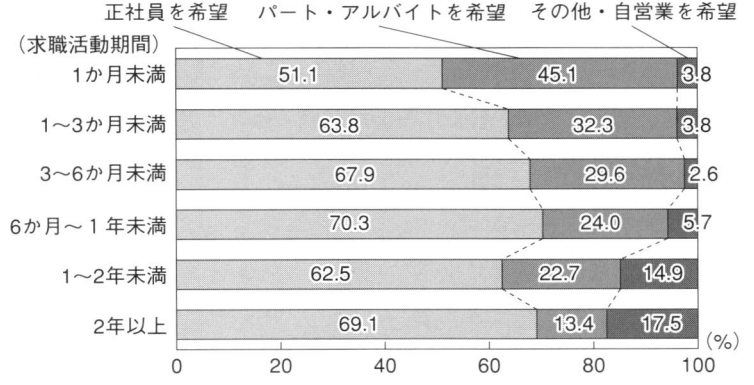

(備考) 1．総務省「労働力調査特別調査」(2001年) により作成。
2．2001年の失業者の求職活動期間別の就きたい就業形態の場合。
3．「正社員」とは、常用雇用の正規の職員・従業員の人。
4．「パート・アルバイト」とは、雇用者から「正社員」を除いた人。
5．「この1年に再就職した人」とは、就業者のうち現職に就いたのが1年以内の人
6．対象は、15～34歳の前職のある人。

これを話しましたら、引きこもりの子どもをもつ親の会のお母さんがみえていまして、「先生のいうとおりで、引きこもっている子どもが、親がどんどん歳とっていくと、親がめんどう見切れなくなる。最後はそういう子も野宿者、ホームレスにならざるを得ない。だからそうい

う問題もいまから大いに議論してほしい」ということを発言されまして、私はまさにそのとおりだと思いましたが、2万人から4万人と、そういう層が増えているという問題です。

⑪ 増大する北海道の若者失業者と不安定雇用者

資料23も北海道の数字ですが、35歳以上の臨時・日雇失業者と労働者は、91年は25万人、これが2003年冬の数字で41万人になりました。ですから、非常にドラスチックにそういう層が北海道でも増えているということになろうかと思います。

⑫ 職安求職者像──在職求職者と離職求職者

職安の求職者がいまどういう状況にあるのか（資料24）。これは2003年夏、学生たちと旭川の職安で調査をしたデータの一部分をもってまいりました。職安には、いま仕事をしているけれども仕事を探しているという人と、仕事を離職して再就職のために探しているという人と、両方います。数は圧倒的に離職求職者の方が多い。性別は男性6に対して女性4ぐらいの比率です。年齢でいいますと、大体10代20代で36％です。

気になったのは配偶者です。単身者がたいへん多い。配偶者がいるというのは、離職求職者で3分の1強しかいない。3分の2は単身者です。これは年齢でいいますと、30代、40代、50代で6割ぐらいいるわけですから、そのわりに配偶者がいる方が非常に少ない。所帯をもてないのかもしれないとも思いました。

前の仕事はどういう仕事なのか。「専門的技術的な職業」と答える方が非常に高い。3割もいます。こういう専門的な技術をもっていても、いまは失業して求職するという状況がある。

それからたとえば労務作業、こういう失業者も実際はたくさんいるんですが、職安などにはもうあまり来ない。職安へいっても無理だとあきらめている可能性があると思います。

もう1つ、在職者のいまの給料と離職者の前の給料、在職時の給料です。月収で比較をしています。ご覧になって分かると思いますが、在職者というのは、場合によっては極端に低い、10万を切るような

第4章　札幌のホームレス問題と背景

資料23　北海道の年齢階層別完全失業者・臨時日雇労働者とその対人口比の推移

		15歳以上人口	16歳～24歳人口	25歳～34歳人口	15歳～34歳人口計	35歳以上人口計
人口	91	465	77	74	151	314
	95	478	83	72	155	323
	96	482	82	73	155	327
	97	484	79	74	153	331
	98	486	77	75	152	334
	99	488	75	77	152	337
	2000	490	72	78	150	340
	2001	492	70	79	149	343
	2002	491	67	77	144	347
	2003.1-3	491	66	77	143	348
完全失業者＋臨時・日雇	91	37	6	6	12	25
	95	43	9	7	15	28
	96	45	9	8	17	28
	97	44	9	7	15	29
	98	48	10	8	18	31
	99	48	10	9	18	30
	2000	53	10	10	20	33
	2001	55	12	10	22	33
	2002	64	12	12	24	40
	2003.1-3	68	12	15	27	41
人口対比	91	7.9	7.8	7.4	7.6	8.0
	95	9.0	10.5	9.0	9.8	8.6
	96	9.2	11.0	10.2	10.7	8.6
	97	9.0	10.8	9.1	10.0	8.6
	98	9.9	12.3	10.7	11.5	9.1
	99	9.9	12.7	11.4	12.0	8.9
	2000	10.7	14.2	12.5	13.3	9.6
	2001	11.1	16.8	13.0	14.8	9.5
	2002	13.0	17.5	15.9	16.7	11.5
	2003.1-3	13.8	18.2	19.5	18.9	11.8

資料 24　職安求職者像—在職求職者と離職求職者

		構成比（％）		月　収（円）	
		在職求職者	離職求職者	在職求職者	離職求職者
性別	男	60	60	180,000	261,300
	女	40	40	145,000	165,300
年齢別	10代	—	2	—	115,000
	20代前半	10	16	230,000	173,600
	20代後半	—	18	—	197,500
	30代	60	25	158,300	225,500
	40代	10	12	160,000	221,800
	50代	20	25	160,000	240,500
	60歳以上	—	2	—	650,000
配偶者	有り	50	36	160,000	292,500
	無し	50	64	172,000	183,300
職種 在職者＝現職 離職者＝前職	専門的技術的職業	40	30	180,000	245,400
	事務職	—	16	—	199,300
	管理	—	2	—	300,000
	営業・販売	20	17	150,000	204,400
	生産工程	20	11	190,000	217,800
	農林漁業	—	2	—	250,000
	運輸・通信	—	8	—	200,000
	サービス	—	12	—	244,000
	労務作業	—	1	—	150,000
	その他	20	1	130,000	130,000
職位	一般		74		198,600
	係長・主任		17		276,700
	課長		7		350,000
	経営者		2		300,000
企業規模	小規模	10	40	100,000	186,400
	中規模	60	35	208,300	221,900
	大規模	30	25	103,300	291,500

ケースもありました。あまりにも低賃金で、あるいは就労日が少ないということもあるのかもしれませんが、そういう不安定な雇用などで、失業すらできないというケース、こういう人がかなりいて、そういう人は働きながら仕事を探しに職安に来ているという状況ではないかということです。

⑬ 再就職の困難と悩み、失業対策の希望

再就職がどのくらい難しいか。非常に難しい28％、難しい54％、8割の人は再就職は難しいと答えています。（**資料25**）

家計状態は、思ったほどではなかったのですが、「どちらでもない」というのが結構多い。一定しない場合があるのは事実ですが、それでも黒字9％、赤字47％というウエイトでした。

資料25　再就職の困難と悩み、失業対策の希望

		構成比（％）		月収（円）	
		在職求職者	離職求職者	在職求職者	離職求職者
再就職の難易度	非常に難しい	20	28	185,000	240,000
	難しい	30	54	126,700	216,800
	普通	20	13	205,000	216,400
	易しい	―	1	―	350,000
	わからない	10	4	220,000	160,000
家計状態	黒字	20	9	205,000	226,300
	赤字	50	47	142,000	244,000
	どちらでもない	30	43	180,000	203,200
求職活動における悩み	生活費の不足	30	40	163,300	230,000
	家族の人間関係の悪化	―	9	―	157,500
	精神的に追い込まれる	―	32	―	211,800
	友人・知人などと疎遠になった	―	7	―	248,300
	将来の見通しが立たない	20	38	225,000	230,300
	生活にメリハリがなくなった	―	34	―	201,700
	技術や知識を学び直したいが費用がない	―	18	―	191,300
	地元に年齢や経験・資格など応募可能な仕事がない	20	33	75,000	230,300
	何度応募しても採用されない	―	12	―	198,200
	困っていない	20	15	215,000	247,700
	体力的に不安	10	11	250,000	306,000
	その他	―	2	―	260,000
失業者対策への希望	失業中の生活保障の充実	10	36	100,000	220,900
	採用方法の改善	―	28	―	234,800
	雇用の維持と拡大	30	44	203,300	218,700
	労働環境の改善	10	16	250,000	185,000
	失業中の職業訓練の保障	30	9	143,300	208,800
	ハローワークの環境の充実	10	8	220,000	361,400
	期待する事項はない	10	20	210,000	223,900

それからどういう点でいま悩んでいるのか。これは複数回答ですが、一番多いのは、やはり「生活費」で40％。それから「将来の見通しが立たない」「生活にメリハリがなくなった」。3人に1人は「精神的に追い込まれている」。それから「地元に年齢や資格などで応募可能な仕事がない」。雇用の総量が減っており、求人そのものがないという切実な声もありました。

　失業対策の要望では「雇用の維持と拡大」、当たり前といえば当たり前ですが、これが一番で44％です。そのほか「失業中の生活保障の充実」が36％。「採用方法を改善してくれ」、これは特に正社員の仕事があまりにもなさ過ぎるという話だと思います。

　それから若い人が就職しようとしても「経験が必要だ」と。若い人は経験しようがないわけです。そういう不満がよく語られていました。あと年齢制限の問題なども中高年からは強く出されているところです。そのほか、「労働環境をなんとかしろ」というのは、在職者も離職者も同じように1割以上の人が出しています。失業対策というのは、労働条件の改善と不可分であるということだろうと思います。

⑭ 年代別求職活動における悩みの所在

　もう少しいまのデータを詳しく見てご紹介しますと（**資料26**）、たとえば年代といまの悩みをクロスさせてみますと、たとえば若い人たちは「生活費が不足」が非常に高いです。6割、4割、5割。

　若い層はパラサイトしているからなんとかなっているんじゃないかといいますが、実は親に迷惑をかけているというプレッシャーも相当あるようですし、自分でいろいろかかるということで「生活費の不足」というのがかなり高くあります。

　特に20代後半ぐらいになりますと、ケースは多くないですが、「家族との人間関係の悪化」。それから「精神的に追い込まれる」。これは20代後半で40代に次いで高い。そろそろ親から自立もしなくてはいけない。社会的にも自立しなくてはいけない。しかしフリーターの仕事しか見つからないということで追い詰められている状況があると思います。

第4章 札幌のホームレス問題と背景

資料26　年代別求職活動における悩みの所在　　上段：実数　下段：％

	合計	20歳未満	20～25歳未満	25～30歳未満	30代	40代	50代	60歳以上
全体	113人 100.0	3人 100.0	18人 100.0	20人 100.0	30人 100.0	13人 100.0	25人 100.0	4人 100.0
生活費の不足	44人 38.9	2人 66.7	8人 44.4	11人 55.0	8人 26.7	4人 30.8	10人 40.0	1人 25.0
家族の人間関係の悪化	8人 7.1	—	1人 5.6	3人 15.0	1人 3.3	1人 7.7	2人 8.0	—
精神的に追い込まれる	30人 26.5	—	3人 16.7	7人 35.0	5人 16.7	7人 53.8	7人 28.0	1人 25.0
友人・知人などと疎遠になった	6人 53.0	—	—	1人 5.0	3人 10.0	—	1人 4.0	1人 25.0
将来の見通しが立たない	39人 34.5	1人 33.3	9人 50.0	10人 50.0	4人 13.3	5人 38.5	8人 32.0	2人 50.0
生活にメリハリがなくなった	32人 28.3	—	5人 27.8	8人 40.0	7人 23.3	5人 38.5	6人 24.0	1人 25.0
技術や知識を学びなおしたいが費用がない	17人 15.0	—	2人 11.1	2人 10.0	6人 20.0	3人 23.1	4人 16.0	—
地元に年齢や経験資格など応募可能な仕事がない	33人 29.2	1人 33.3	2人 11.1	4人 20.0	10人 33.3	4人 30.8	11人 44.0	1人 25.0
何度応募しても採用されない	13人 11.5	—	3人 16.7	3人 15.0	2人 6.7	2人 15.4	3人 12.0	—
困っていない	18人 15.9	—	4人 22.2	2人 10.0	5人 16.7	—	6人 24.0	1人 25.0
体力的に不安	12人 10.6	—	1人 5.6	3人 5.0	3人 10.0	1人 7.7	5人 20.0	1人 25.0

　そのほか、いまの点では、40代の方が高く「追い込まれる」。40代で仕事が見つからない。これは働き盛りなのにということだと思います。それとの関連で苦労している状況があるようです。

　そのほか、もう1つ若者では、20代前半も後半も50％の人が「将来の見通しが立たない」と考えています。このへんも若者の問題としてたいへん大きいと思います。

　それから「地元に仕事がない」が高く出たのは40代、50代、これはある種、固定的な過剰人口のような性格がこの層に見られるということではないかと思いますが、こういう中高年で非常に強い悩みが出ています。

ちなみに、いま何も「困ってない」というのが全体で15％、85％の人はいろいろな悩みを抱えているということです。

⑮ 悩みの所在と失業対策への希望

資料27は、いまの悩みとどういう対策を求めているのかをクロスしたものです。「生活費の不足」が全体的なパーセンテージに比べてより高く出ているのは、1つは「採用方法を改善してほしい」「雇用の維持拡大をしてほしい」。「生活費の不足」を訴える人は、そのへんをなんとかしてくれという。もちろん「生活保護」そのものも強く要

資料27 悩みの所在と失業対策への希望

上段：実数　下段：％

		合計	失業者対策への希望					
			失業中の生活保護の充実	採用方法の改善	雇用の維持と拡大	労働環境の改善	失業中の職業訓練の保障	期待する事項はない
全体		108人 100.0	35人 32.4	29人 26.9	47人 43.5	17人 15.7	12人 11.1	21人 19.4
求職活動における悩み	生活費の不足	44人 100.0	16人 36.4	16人 36.4	21人 47.7	7人 15.9	6人 13.6	6人 11.4
	家族の人間関係の悪化	8人 100.0	3人 37.5	3人 37.5	6人 75.0	3人 37.5	1人 12.5	2人 25.0
	精神的に追い込まれる	30人 100.0	14人 46.7	14人 46.7	20人 66.7	6人 20.0	3人 10.0	2人 6.7
	友人・知人などと疎遠になった	6人 100.0	2人 33.3	4人 66.7	4人 66.7	2人 33.3	1人 16.7	1人 16.7
	将来の見通しが立たない	39人 100.0	12人 30.8	10人 25.6	23人 59.0	7人 17.9	3人 7.7	6人 15.4
	生活にメリハリがなくなった	32人 100.0	9人 28.1	11人 34.4	16人 50.0	4人 12.5	2人 6.3	8人 25.0
	技術や知識を学びなおしたいが費用がない	17人 100.0	4人 23.5	6人 35.3	10人 58.8	4人 23.5	―	3人 17.6
	地元に年齢や経験資格など応募可能な仕事がない	33人 100.0	11人 33.3	13人 39.4	16人 48.5	6人 18.2	5人 15.2	4人 12.1
	何度応募しても採用されない	13人 100.0	5人 38.5	7人 53.8	11人 84.6	4人 30.8	2人 15.4	1人 7.7
	困っていない	18人 100.0	4人 22.2	1人 5.6	5人 27.8	1人 5.6	2人 11.1	9人 50.0
	体力的に不安	12人 100.0	4人 33.3	5人 41.7	4人 33.3	3人 25.0	1人 8.3	1人 8.3

第4章 札幌のホームレス問題と背景

求しています。

「人間関係の悪化」も、大体いまと共通しているようです。「精神的に追い込まれる」という悩みを抱えている人が、これもやはり「生活保障」。一番多いのは雇用総量でしょうか。それ以外に採用等、それぞれ悩みと政策的な要求との対応が一定の特徴があるのではないかということで簡単にご紹介しました。

⑯「去るも地獄、残るも地獄」の全般化

資料28は『経済』誌にも紹介している、釧路の職安のデータですが、仕事をやめたとき、みんな「怒る」とか、「驚き」というのが多いだろうと思ったのですが、実は多いのは「ほっとした」なんです。

資料28　離職失業者の離職時の気持ち別現在の気持ち

上段：実数　下段：％

		離職時の気持ち									
		合計	悲しい	嬉しい	すっきり	不安	ほっとした	あきらめ	落ち着き	怒り	驚き	その他
現在の気持ち	全体	72 / 100	10 / 100	1 / 100	11 / 100	15 / 100	27 / 100	10 / 100	4 / 100	5 / 100	4 / 100	7 / 100
	悲しい											
	嬉しい	3 / 4.2		1 / 100	1 / 9.1	1 / 6.7	1 / 3.7	1 / 10	1 / 25			
	すっきり	8 / 11.1	2 / 20		4 / 36.4		5 / 18.5	1 / 10	2 / 50			
	不安	33 / 45.8	6 / 60	1 / 100	1 / 9.1	11 / 73.3	9 / 33.3	7 / 70	2 / 50	3 / 60	3 / 75	4 / 57.1
	ほっとした	8 / 11.1	1 / 10		2 / 18.2	1 / 6.7	5 / 18.5		1 / 25	2 / 40		
	あきらめ	5 / 6.9	1 / 10		1 / 9.1	1 / 6.7		1 / 10			1 / 25	1 / 14.3
	落ち着き	13 / 18.1			5 / 45.5	4 / 26.7	10 / 37	1 / 10	1 / 25			
	怒り	2 / 2.8	2 / 20									
	驚き	1 / 1.4					1 / 3.7					
	その他	9 / 12.5	1 / 10		1 / 9.1	1 / 6.7	4 / 14.8			1 / 20	1 / 25	3 / 42.9

出所：北大産業教育調査実習「釧路職安求職者調査結果」（01年）

これは離職に至るいろんな経緯があるんだと思いますが。

「現在の気持ち」でみますと、「ほっとした」というのはかなり減って、それよりは「不安」が非常に強くなっている。「ほっとした」人たちが離職して、いい悪いは別にして、いまは「不安」という状況になっている。

なぜ「ほっとした」のかというところが、「残るも地獄」の方になるんですが、残っていてもしんどい、いまの現役労働者の過酷な状況ですね。だったら去った方がほっとする。ほっとするはずが実は不安。再就職がなかなか決まらない不安に襲われているという状況に、いまあるのではないかということです。

⑰ 失業とは何か────望まない仕事を拒否する権利の重要性

現代において失業の問題を、あらゆる仕事から排除されているという意味でとらえるわけには、いかないのではないか。季節労働者の問題で『季節労働者白書』づくりを組合の方々と一緒に議論しながら考えました。

たとえばいま職安にいきますと、期間工などの求人は大規模にあります。求人はあります。求職雑誌を見ても、道外の求人で期間工の求人というのはバンバン出ています。そのほとんどは派遣であったり労務供給であったりという、自動車会社などの非常にリスクのある長時間の過酷な仕事、あるいは建設の出稼ぎであったりします。

そういう仕事は、季節労働者をみた場合に、いま援護制度があるから、そういうのはあまりやらないわけです。援護制度をなくしていくというのは、いやおうなしにそういうところに季節労働者を追い込んでいくインパクトになるだろうと思います。

その意味では、いま現にいろんな失業者の調査でも、季節労働者の調査でも、「いよいよ行き詰まったらどうしますか」というかなりきわどい質問をするんですが、「出稼ぎに行く」というのは数％です。希望しないんです。なぜなのかといったら、それが非常にリスクがあって、しかも家族と離れて働くという孤独な生活を余儀なくされるわけですから、そういうのはできるだけ回避したい。労働者も加齢と

ともに体力的にも自信がなくなっていきますから、そういう就労はできるだけ回避したい。望まない就労になるわけです。

それと同じことが実はフリーターなどにもあるのではないか。正規社員で、やたら残業で、何も自分でやりたいことができなくなるぐらい働かされるのなら、ほどほどに働いた方がいいんだというような働き方に、いまなっているのではないか。

あるいはそういうフリーターも、低賃金で、つまらない仕事で、自分はもっとおもしろいこういう仕事がやりたいというのがあるのに、それはなかなか実現しないから、だったら家でパラサイトしている方がいいと、そういう形で、若者も望まない仕事を拒否しているという面があるのではないか。

そういう意味では、季節労働者が出稼ぎに行かないのも、フリーターがフリーターに甘んじているのも、ある意味では同じ面をもつのではないか。

失業というのを、何かそこに求人があって、その求人に応じないからあなたは失業ではないというものではなくて、その本人が、希望しない仕事を拒否して失業に甘んじている場合でも、それを失業者として公的に認定して保障していく。そういうことがいま重要になっているのではないか。それが非常にあいまいになっているなかで、どんどん労働者の労働条件が切り下げられてきている。そういう状況になっているのではないか。望まない仕事を拒否する権利は大いに強調して、それを失業の問題や失業者の生活保障の問題と１つのものとして考えていく必要があるのではないか、というのが私の理解です。

8　ホームレス自立支援法

ようやく法律の話に至ったのですが、自立支援法を、ごく簡単に紹介させてください。総則には、『健康で文化的な生活を送ることができないでいるとともに、地域社会とのあつれきが生じつつある現状にかんがみ、ホームレスの自立の支援、ホームレスとなることを防止するための生活上の支援等に関し、国等の果たすべき責務を明らかにす

るとともに、ホームレスの人権に配慮し、かつ、地域社会の理解と協力を持ちつつ、必要な施策を講じる……』。このかぎりではたいへん望ましいことが書かれています。ホームレスの定義はさきほどいいました。

「目標」は、「自立の意思があるホームレスに対し」いろいろ支援する。2番目が予備軍対策です。『ホームレスとなることを余儀なくされるおそれのあるものが多数存在する地域』、季節労働者が多数存在する地域も、私はこれにいれる必要があると思いますが、こういうところに防止策を講じる必要があるといっている。それ以外の施策についてもいっています。大体こういうふうに目標を掲げています。

第4条はホームレスについて述べているんです。「ホームレスは、……自らの自立に努めるものとする」というのが入っています。それから国、地方公共団体、国民の協力が謳われています。第2章は、何をやるのか、基本方針です。基本方針を受けて、2003年の夏に厚生労働省で実施計画を出しています。

実施計画のところで都道府県、市町村の役割などが書かれています。これは札幌市にしても道にしても、道はどういう方針をもっているのか、いまだに明らかになっていないと思いますが、定めて明らかにする必要があろうかと思います。札幌市なども非常にあいまいなままですが、一定の変化はあるようです。

『公共の用に供する施設の適正な確保』というところで、いわゆる公共施設をホームレスが勝手に使っているのは排除できるという項目があって、このへんは論議のあるところです。最近は河川敷の修理で、河川敷にいるホームレスの撤去などの問題が札幌でありました。

そのほか、「民間団体の能力の活用」ということで、学生らがやっている「北海道の労働と福祉を考える会」なども、最近は札幌市からたびたびいろんなことを頼まれて、放っておきますと下請けになりかねない、と私は思っているんですが、安上がりの支援活動集団のような性格もはらみつつあるということかもしれません。

いずれにしても、自立支援法はホームレス対策を前進させるいろん

な契機になった。そういう積極面があるのは事実だと思います。ただ、先ほどいいましたように、公共空間から野宿者を排除する道を開いたという問題点ももっているということではないでしょうか。

特に強調したいのは、もっとも重要なのは雇用を保障することだと思います。第2章の『基本方針』に、「ホームレスの就業の機会の確保」と書いてあり、それから、「ホームレスの自立の支援等に関する施策については、ホームレスの自立のためには就業の機会が確保されることがもっとも重要であることに留意しつつ、前項の目標にしたがって」云々と書いてあります。

もっとも重要だということを自立支援法もいっているわけですが、札幌市の就業機会確保のための施策というのは、皆無というと怒られますが、皆無に近い状況にあるということです。ここが1つは札幌市の行政のあり方との関係では大きな議論になるところではないかと思います。

9　野宿者支援活動

① 発　端

最後に支援活動のことを簡単にご紹介させていただきます。

いま私は学生と付き合っていまして、学生が何に悩んでいるのかという1つは、やはり就職です。学生たちは単に自分らはまともな人間でいろいろ保障された存在で、野宿の人はそうじゃないから、かわいそうだから何かしてあげよう、というようなスタンスではなくて、自分自身も相対的に恵まれているとしても、まだやはり若者ですから、自立できていない。経済的にも社会的にも自立していない。だから自立していないもの同士でいろいろ交流するというところにいろんな意味があるのではないかということを、教員としては一生懸命いいながら、やっているということです。それなりに受け止めているからやられているんだろうと思います。

② 継続と拡大

札幌の野宿者支援は、もう4年ぐらい、いろいろやっていますから、

「北大のものです」というと、彼らは心を開いてくれます。新しい人でも大体心を開いて話をしてくれます。

　旭川ではここ3年ぐらい、毎年1回ぐらい調査したんですが、調査に行くだけで、あとは何もしなかったのです。ですから旭川の野宿の人たちは、一部の人は別ですが、大半の人は「俺らは野宿じゃないよ」といって、話もしてくれない。これはやはり私らの方でも何かやるべきことはちゃんとやらないと、札幌のような関係は生まれないだろうと思います。

　じゃあ旭川でも1回炊き出しをやろうかということで相談したら、旭川の地元の方々も乗り気で、(2003年) 9月に第1回目を成功させて、2回目は22人の方が来るようになった。そういうなかで野宿者の方から支援者に対する信頼が生まれます。そういう関係が旭川でもできてくるだろうと思います。今度は可能であれば函館でもそれをやろうと、いま思っているところです。

③ 最近の札幌市の対応の変化と限界

　札幌で支援活動を始めた次の年、2000年ぐらいですね。要望書を市長宛に出しました。内容は、住まい、健康・医療の問題、就労の問題、生活保護の問題ということで、4つほどやりました。市長宛でわざわざ市長室にまでもっていたんですが、けんもほろろで、ほとんどまともな返事はいただけませんでした。ただ、「あなたたちは市のパートナーです」ということだけは、市がそのときからいいはじめました。

　そのあと、先ほどいいました健康診断などで一定の財政支援がされるようになったり、ホームレス調査を支援の会に委託したり、支援企画をこの10月は市と共催でやるというようなことになっています。この支援企画にはハローワークや弁護士会なども協力してくれました。

　ただハローワークのことでいいますと、ハローワークが来てくれるというので、じゃあ仕事の紹介をしてくれるのかと思って期待をしたんですが、そうじゃないんです。「仕事は全然紹介する気はありません」と、担当者に会いましたが、「まず生活保護でアパートに移りな

さい」と、そういう相談だったようです。

それから、市長さんが変わって、札幌市も一定の変化があるようだと感じています。

④ 到達点と教訓

支援活動の教訓みたいなことをちょっとだけいいますと、「普通の人間だ」というのは今まで言ってきました。それから1つひとつたいへんな苦労、ストレスを抱えながらやっているという面ももっている。

また、私らがいっても最初は「いいよ、いいよ」といって、なかなか話にのってこない野宿者もたしかにいますが、大半は繰り返し接するなかで、自立を望むように変わっていくと思います。

ただし、まれに、「自分は好きでやっている」。あくまでそういって頑張る人もいます。それはそれでたいへん貴重な意向ですので、それは誤りだとは私たちはとらえずに、そうおっしゃっている間は、あくまでそれを尊重するということで接してきました。

それから就労です。これはさきほどいいましたように、彼らはいわゆる浮浪者ではないわけです。大半は就労を希望している。ただなかなか就労が難しいいろんな条件を抱えている。こちらの条件を解決する。そのことが、先の場合もたしかにあると思います。

⑤ 自立支援法制定後の課題と方向

支援活動の意義では、なんといっても命そのものを守るというところです。これを放置しておけば、凍死なども起こり得るわけで、あるいはやる気をなくして自殺する場合もあるでしょうし、最近は河川敷のテントで亡くなって随分経っていたというケースがありました。誰も気が付かないで放置されていたというケースもありました。

ですから医療ですね。勤医協さんなどと一緒にやったりして、医療面でのアプローチなどを含めて、命を守るというところでは非常に大きな役割なり緊急性があると思います。

同時に、この活動を通じて、たとえば教会とか、いま札幌では3つの市民の支援グループができています。その3つがお互いに一定の連絡をとりながら、それぞれ独自にやれることをやっているという状況

ですが、そういう影響力を広げてきた。支援の輪を広げてきたということも大きな役割になるだろうと思います。

旭川のように、労働組合が参加してきたり、あるいは勤医協さんだとか、そういういろんな連携が非常にきっちりとしているわけですが、広がりつつあるということも、大きいと思います。

同時にただ、この野宿の問題、失業の問題もそうですが、一筋縄ではいかないわけでありまして。当面の必要なところに必要な手立てを打つというだけでは解決仕切れない、そういう問題であるわけです。3年前には札幌のホームレスは60人といわれていましたが、3年間でその倍近い人に何らかの居宅なり自立の支援をして成果を上げてきている。それでも全然減らないわけです。

そこには野宿者を追加的にどんどん流入させてくるような社会的構造的なファクターがあって、そのことにメスを入れていくということをいよいよ本格的に考えなくてはならない時期にきていると思います。

ただ、この支援活動の主体は、現状ではあくまで学生や市民ですので、その学生や市民の意向を尊重しながら、そういう方向に可能な範囲で接近していきたいと思っているところです。

野宿者の問題そのものは、市民の方々はたいへん関心をもってくださいますが、同時に圧倒的にはまだ偏見が支配しています。「おそろしい、こわい、汚い」、そういう理解が一般的な理解です。

ところがそういう偏見をもっている方々も、一度野宿の人と話をしたり、交流をするとガラッと変わるというのをいっぱい経験してきました。ほとんどは駅でちらっと見て、「あのホームレスはなんであんなに飲んだくれているんだ、いやらしいやつめ」とか、そういうもので終わってしまっている。そういう市民的な把握を、少しずつ変えていくということがなければ、本格的なホームレス支援行為も期待できないのではないか。そんなことを考えているところです。

それから、そういうことをすすめていくうえでも、市民的な運動といろんな労働団体などの運動がどうつながっていくのかというのも、今後の大きなテーマになるのではないかということです。

第 4 章　札幌のホームレス問題と背景

*　本稿は、2003 年 12 月 8 日におこなわれた北海道革新懇（拡大）代表世話人会での講演記録に加筆したものです。

第5章　京都ウトロ居住者の抱える問題
―強制立退きと「居住の権利」―

ウトロを守る会　斎　藤　正　樹

は じ め に

　ウトロ集落は第2次世界大戦中、日本政府による「京都飛行場」建設工事に半強制的に動員された朝鮮人労働者の飯場跡である。ウトロ地区（約2 ha）には現在も約70世帯、230人が居住する。その8〜9割が在日韓国・朝鮮人である。土地所有者である不動産会社（有）西日本殖産が、1989年2月、全住民に立退きを迫り、「建物収去土地明渡」訴訟を提起した。裁判の結果、2000年11月までに最高裁上告棄却によって、住民敗訴がすでに確定している。

　研究集会ではまず、早川和男会長が「住むということは生存権の基礎である。日本政府、地方行政は戦後、ウトロ集落の劣悪な住環境を今日まで放置してきた。立退き判決はそれに追い討ちをかける不当なもの。今日は住民のみなさんの気持ちや悩みを聞かせていただき、直に学ばせてもらいたい」と挨拶。これを受けてウトロ町内会長・金教一が「私たちはいま、いつ強制執行されるかもしれないという厳しい状況にあるが、住民にとってウトロはふるさと。ここに住み続けたいという気持ちを1つにして、今後も闘いたい」と決意を述べた。

　判決確定によって、住民の居住を根こそぎ奪う「強制立退き」という非常事態が迫っている。在日朝鮮人コミュニティの中で今後も住み続けたいと願う住民にとって、ウトロの土地は居住（生活）のすべてを支える物理的基礎である。

＊　2001年7月8日、日本居住福祉学会第2回研究集会（日本住宅会議協賛）が京都府宇治市伊勢田町ウトロ地区で開かれた。テーマは「ウトロ集落を見て、住民と語る――強制立ち退き問題を考える」。参加者は約200人。また質疑討論は、2004年11月18日の同学会第10回研究集会のものである。

人間にとって居住とは何か、コミュニティを支える土地とは何かを考えていきたい。

(1) ウトロ事件の概要

京都府宇治市は京都市に隣接した人口約19万人のベッドタウンである。市内の中心部には宇治川が流れ、平等院などの歴史的文化財と「宇治茶」で知られた観光都市である。宇治市伊勢田町ウトロ51番地は近鉄京都線伊勢田駅から西に徒歩8分。住宅地に囲まれ、陸上自衛隊大久保駐屯地に隣接した長方形の土地にある。ウトロという地名の由来は「伊勢田村字字土口（うとくち）」から転じたもの。口が「ろ」と誤って読まれ、地名として定着した。戦前までは無人の山林、畑であった。

朝鮮人集落ウトロの形成史は戦時中にさかのぼる[1]。1938年、「大東亜」戦争体制の構築を急ぐ日本政府は、全国数ケ所に軍用飛行場とパイロット養成所を作る構想を発表した。1940年に着工された「京都飛行場」建設工事は政府逓信省、京都府によって設計・施工され、滑走路整備や格納庫建設などの大規模な土木工事に、安価で強靱な労働力として「半島人労務者」（朝鮮人労働者）約1300人が内地各地から半強制的に動員された。同時に併設された国策の軍需会社である日本国際航空工業株式会社（日産車体株式会社の前身）の航空機製造工場では、輸送機や当時「赤トンボ」と呼ばれた練習機などが大量に製造され、陸軍に供給された。1943年ごろ、その工場敷地の片隅に朝鮮人労働者を収容する飯場（作業員仮宿舎）が作られた。その場所が現在のウトロ集落である。

ウトロ住民は次のように語っている[2]。

「(1943年ごろ) ウトロに初めて来た時は、周りは草ぼうぼう石ころだらけの山やった。飯場に連れて来られた。バラック長屋は柱と杉壁と屋根があるだけ。その日のうちに赤土をこねて釜戸を2つ作って炊

---

(1) 千本秀樹「京都府協和会と宇治の在日朝鮮人」筑波大学歴史・人類学系紀要「歴史人類」第16号参照。
(2) ウトロを守る会編『ウトロ　置き去りにされた街』（かもがわ出版、1997）。

事場にした。飯場長屋の割り当ては家族が何人いようと一部屋。その内部は筵(むしろ)を敷いた6畳分の板間と3畳分の土間があるだけ。天井はなく、屋根の杉皮はすぐに風で飛んでしまい、夜には星が見えた。雨が漏って漏って、バケツやタライで受けたり、子どもの頭の上にも落ちるから、こっちに寝かしたりあっちに寝かしたり……。飯場は家じゃない。あれはとても人の住む家とは言えない。当時、朝鮮人は人間としては扱ってもらえなかった」(文光子、82歳)

1945年、日本の敗戦によって軍需工事は中止されたが、朝鮮人労働者には何の補償もなく、その場に放置された。大半の者は自費で朝鮮半島に帰ったが、経済的事情などで帰るに帰れない人々は、戦後もそのまま飯場跡で半失業状態のまま極貧生活を続けた。

戦時中の航空機製造工場は戦後、GHQ(連合国軍総指令部)に接収されて自動車工場(現在の日産車体京都工場)に生まれ変わり、その一部は米軍基地(現在の陸上自衛隊大久保駐屯地)となった。

「戦後、アメリカ進駐軍はウトロの土地から朝鮮人を追い出そうとした。ここは軍事飛行場で、演習のために広い土地が欲しい。基地(キャンプ)の隣りに住んでいた私たちが邪魔なんです。いつも鉄砲を担いでアメリカ兵はこっちに向かって来る。壁のようにぎっしり一列に並んで、『出て行け』です。私たちは『出て行かない』。子どもも一緒になって押し返した。そしたら今度は足元を狙って鉄砲を撃つんですよ。鉄砲を反対に向けて柄の方で殴るんです。逃げ遅れた人が血を流しました。……こうして。私たちはこの土地を守ったんです」(同)

「戦後は食料の配給も止まり、田圃の肥料に使う油糟やら小さい芋やらをウドンや団子にして食べた。それでもウトロの中では『キムチあるよ、菜っ葉炊いたよ』と、声かけ合ってみんなで集まって食べた。夜遅く帰る人があると『ご飯はどうですか』と声かける。こうやって貧しさの中で助け合ってきたから、私たちはいま生きているんです」(同)

ウトロの土地の所有権は、戦時中の軍需会社から日産車体株式会社

(日産自動車の系列会社)に継承された。しかし、土地の管理はなされず放置された状態におかれた。住民は空地を耕し、飯場バラックを修繕し、あるいは建て替えて粗末な住居とした。

1987年、業績不振にあえぐ日産自動車グループは経営赤字補填のため、遊休資産の売却を検討した。日産車体はウトロ集落の土地を処分する方針を固めた。そして、宇治市役所の幹部職員の仲介で紹介された「ウトロ自治会長」許昌九(平山桝夫)に、土地を一括して3億円で売却した。数ヵ月後、土地はさらに4億4500万円で不動産会社(有)西日本殖産に転売された。同社は住民全員に立退きを迫り、1989年京都地裁に「建物収去土地明渡」訴訟を提起し、訴訟対象は住民のほぼ全世帯に及んだ。

1989年、ウトロ住民は町内会を再建してこの事態に対処しようとした。また、住民を支援する「地上げ反対！　ウトロを守る会」が結成され、「ウトロ問題の歴史的原因は日本の朝鮮侵略、植民地支配にある。日本政府は在日韓国・朝鮮人住民への戦後責任を果たすべきである。日産車体には企業としての社会的責任がある。原告から土地を買い戻して原状回復し、住民と話し合って自主的、平和的に問題解決すべきである」と主張した。

(2) 立ち退き裁判と判決

1989年、京都地方裁判所で開始された裁判で、原告側は「住民は不法占拠である。土地所有権に基づき、建物を撤去して土地を明け渡せ」と主張した。一方、被告側は「住民にはここに住み続ける権利がある」と反論し、個々人がウトロに住み着いた歴史的経緯を証言した。その主張の主な根拠は、民法上の取得時効である。民法162条1項には「二十年間所有ノ意思ヲ以テ平穏且公然ニ他人ノ物ヲ占有シタル者ハ其所有権ヲ取得ス」とある。ところが、原告側は法廷にこの主張を覆す決定的な証拠を提出した。それは1970年当時、ウトロ住民が日産車体に送った「要請」書である。そこには住民への土地の売却を求める文言があり、住民ら数十人分の署名・捺印が添えられていた。こ

のことで事態は一変した。住民が土地の売却を求めていたとするなら、その時点で住民に土地所有の意思はなかった、と原告側は主張した。

　京都地裁は両者に「和解」斡旋を行い、被告側による土地の一括買い取りを条件に「14億円」を両者に提示した。しかし、住民の経済的負担能力は低く、和解は不成立に終わった。最終局面で被告側は次のように上申した。

　「戦後、何の補償もないまま放り出された一世を含む私たちは、全く独力で飯場をバラックに、バラックを家屋に建て替え、空地を開墾し食物を作り、それぞれ生業に精を出して民族学校、自治会を組織し、電気・水道を引かせるなどして、このウトロ地区を朝鮮人の生活拠点に作り上げて現在に至っています。ウトロの土地問題は単なる私法上の所有権の有無という狭い土俵で解決されるべき問題とは考えません。これまでの歴史的・政治的、社会的責任をも考慮して解決すべき問題です。『出て行け』と言われても出て行く当てもないし余裕もない（十数世帯は生活保護を受けています）。こんな理不尽なことでは仮に判決に負けても、身体をはって抵抗するしかない強い怒りがあります」。

　1998年、京都地裁は被告側全面敗訴の判決を下した。「要請」書による時効期間の中断に加え、「土地は日産車体から原告・不動産会社に所有権移転登記されており、仮に日産車体に対して時効が成立したとしても、第三者の原告に対しては対抗できない。また登記の欠陥が信義則に反するという（例外的な）特段の事情も認められない」とした。大阪高等裁判所（控訴審）では被告側は従来の主張に加え、新たな主張を展開した。

　「1979年に日本国が批准、発効した国際条約である『経済的、社会的及び文化的権利に関する国際規約』（以下、社会権規約と略す）11条1項には『この規約の締結国（日本）は、自己及びその家族のための十分な食料、衣類および住居を内容とする十分な生活水準についての並びに生活条件についての不断の改善についての全ての者の権利を認める』との規定がある。規約条文の公権的解釈を国際的に示している社会権規約委員会の「一般的意見第4」によると、適切な居住の権利

とは、安全で、平穏が保たれ、人間としての尊厳が認められる場所で生活する権利であり、居住が適切であるか否かは、占有の法的保障…などから判断されるべきで、占有の法的保障においては自己所有、賃貸、避難所、不法占拠等いかなる形態の占有者についても、強制立ち退きからの法的保護を保障するとされている。また、居住の権利は、規約締結国の最低限の中核的義務の内容をなすものであるから、個人の具体的権利として認められるべきである。なお、ある私人の行為が他の私人の居住の権利を侵害する場合には、これが私人間の法律関係であっても、規約締結国は侵害される私人を保護すべき義務を負っているから、そのような行為の実現に手を貸すべきではない。よって、原判決は同規約および憲法98条2項（条約の遵守義務）に違反するものである」。

1999年、大阪高裁の判決はこの点について、簡単に「同規約11条1項は、個人に対して即時に具体的権利を付与すべきことを定めたものではなく、規約は私人間に直接適用される法規範ではない」として、棄却した。

続いて、最高裁も「本件上告理由は違憲をいうが、その実質は単なる法令違反を主張するものであって」上告理由に該当しないと、棄却した。

2000年11月までに敗訴判決がすべて確定し、司法的救済の道は閉ざされた。

(3) 国連・社会権規約委員会の救済勧告

国連の主導によって作られた国際人権条約では、締結国にその国内の人権実施状況を定期的に報告するよう求めた条文を含むものが多いが、社会権規約16、17条も同様の規定である。この規定に従い締結国政府が行う定期報告については、「権利の実現のためにとった措置、及びこれらの権利の実現についてもたらされた進歩に関する報告」を具体的に書くべきであるとされ、社会権規約委員会はその書き方の指針として「報告書の形式及び内容に関する（改正）ガイドライン」

(E/1991/23, Annex IV）を示している。それによれば、例えば「居住に関する権利」に関しては、「住居に関して弱い又は不利な立場にある以下のグループに関して詳細な情報を提供すること。特にホームレスの人及び家族の数。現在『不法』分類される居住数又は住居に生活している人の数。過去5年間に強制退去を受けた人の数及び、現在、恣意的な強制退去及びその他の何らかの種類の強制移住に対する法的な保護を欠く人の数」などの項目が示されている。

1998年8月、日本政府は社会権規約16、17条に基づき「社会権規約第2回日本政府報告書」（E/1990/6/Add. 21）を国連に提出した[3]。しかし、そこには「ホームレス、違法居住者及び追立てに関する統計的なデータはない」と記載され、国内に「強制立退き」は存在しないかのような表現であった。そこで、国内の様々な学術、運動団体は政府報告に対抗する「社会権規約NGOレポート」を協同作成し、その中で国内での「居住の権利」とりわけ「強制立退き」の実態について、ウトロ裁判の具体例として国連に報告した。以下は私のレポート[4]の一部である。

「問題点：日本には『住居に対する権利の内容を定義する観点から、この権利に実質を与える法』も、『あらゆる形態の強制退去を禁ずる法』もない。例えば、土地所有者が民法に基づいて居住者にその建物の撤去を求める『建物収去土地明渡』訴訟において、日本の裁判所は国際人権基準を無視して、既存の国内法だけの判断で、居住者に対し代替的住宅等の保障なしに（強制）退去判決を繰り返しており、これが判例法となっている」。

「提言：ウトロ住民は日本国内で『伝統的に保護を受けないグループ』に属し、歴史的経緯によって『不法』セクターに50年以上も継続して居住する人々である。日本政府は住民との真の協議によって強制退

（3）　外務省総合外交政策局国際社会協力部人権難民課『経済的、社会的及び文化的権利に関する国際規約第16条及び第17条に基づく第2回報告』56頁（1998）
（4）　社会権規約NGOレポート連絡会議編『社会権規約と日本2001』165頁～169頁（エイデル研究所、2001）

去、嫌がらせ、その他の恐れから救済する措置を即時に行い、住民がホームレスにされる事態を事前に防止すべきである。

　ところで、政府は報告書の中で『住宅に困窮する居住者に対する措置』として、不良住宅が集合し、住環境が劣悪な地域の改善、整備を目的とした『コミュニティ住環境整備事業』に言及しているが、ウトロ地区はまさにこの事業に該当する条件を備えている。また、住民の多くは代替住宅の提供を待ち望んでいる。最も効果的な救済措置を即時に行うことは、人権条約上の締結国の義務の1つである」。

　2001年8月、スイス・ジュネーブで社会権規約委員会は日本政府報告書の審査を行い、その結果を日本に対する総括所見（最終見解）（E/C. 12/1/Add, 67）として公表した[5]。その内容を見ると、まず総論として、同委員会は同規約の国内適用の問題について、「社会権規約の規定の多くが（日本国）憲法に反映されているにもかかわらず、締結国が国内法において規約の規定を満足のいく方法で実施していないことを懸念する。……さらに、規約にいずれの規定も直接の効力を有しないという誤った根拠により、司法決定において一般的に規約が参照されないことに懸念を表明する。締結国がこのような立場を支持し、したがって規約上の義務に違反していることは、さらなる懸念の対象である」（パラ10）と厳しく指摘した。次に各論の部分では、同規約11条1項「居住の権利」に関連して、原則として国際人権規約に違反する強制立ち退きの問題について、同委員会は裁判所による簡単な仮処分命令の手続きのみで、日本では強制立ち退きが安易に行われている現状を指摘し、「これは委員会が一般的意見第4および第7で確立した指針に違反するものである」（パラ30）と、警告した。

　さらに、具体例としてウトロ問題に関連して、まず「主要な懸念事項」として、「とりわけ雇用、居住および教育の分野において、日本社会のマイノリティ集団、とくに……韓国・朝鮮人に対する法律上お

（5）　社会権規約NGOレポート連絡会議編『国際社会から見た日本の社会権　2001年社会権規約第2回日本報告書審査』220頁〜（現代人文社、2002）

よび事実上の差別が根強く残っている」(パラ13) とした上で、同委員会は「強制立退き、とりわけホームレスの人々のその仮住まいからの強制立ち退き、およびウトロ地区において長期間住居を占有してきた人々の強制立ち退きについても懸念する」(パラ30) と固有名詞を上げて指摘した。次に、これを受けた（日本政府に対する）「提案および勧告」の項では、「締結国が現在、ウトロ地区に住む韓国・朝鮮人の未解決の状況に関して、住民との協議を進めていることに留意しながら、……日本社会のあらゆるマイノリティ集団に対し、とくに雇用、居住および教育の分野で行われている法律上および事実上の差別と闘うため、締結国が引き続き必要な措置をとるよう勧告する」(パラ40)。「あらゆる立退き命令およびとくに裁判所の仮処分命令手続が、……委員会の示す指針と一致することを確保するため、締結国が是正のための行動を起こすよう勧告する」(パラ57) と明記した。

なお、強制立退きという用語について、同委員会は「個人・家族・共同体を、それが占有している住居・土地から、その意思に反して、適切な法的な保護等を与えることなしに、恒久的・一時的に立退かせること」（一般的意見第7）と定義している。……もちろんウトロの場合にはこの条件に合致している。

戦後社会の出発点ともいうべき世界人権宣言（1948年）の精神を引き継ぐ国際人権規約（条約）の条文については、それ自体を個々バラバラな「権利のリスト」として読むだけでなく、1つに統合された全体の中で読まれ、解釈されるべきものである[6]。社会権規約の各条文も相互に関連している。「報告書の形式及び内容に関する（改正）ガイドライン」の中に「伝統的に保護を受けないグループを含む、居住に関する全ての形の差別を禁止する法律を示せ」との表現があるように、例えば、規約2条2項の「差別禁止」と11条1項の「居住の権

---

(6) 2001.11.15「強制立ち退き」反対！　ウトロ問題を考えるシンポジウム（於、京都、龍谷大学）におけるシルビア・ブラウン・浜野さん（龍谷大学教授・国際法）の講演「国連社会権規約委員会・最終所見とウトロ」から、貴重な御教示をいただいた。

利」を重ねて読むことで、その国内のマイノリティの居住問題がクローズアップされる。もちろん、法律上だけでなく事実上の問題も含めて。

同委員会は今回の総括所見で明らかに、ウトロ問題を戦後の日本社会それ自身が生み出した在日韓国・朝鮮人に対する差別という歴史的文脈の中でとらえている。そして、少なくとも同規約を批准した79年以降、日本政府はウトロ住民らの劣悪な権利侵害状況を放置すべきではなかったという認識が、その根底に窺えるのである。さらに、現実の問題にたちもどって、ウトロ住民を強制立退きから早急に救済するよう求めている。同委員会が「一般的意見」など[7]で示してきた国

（7）　国連人権委員会の「現代的形態の人種主義、人種差別、外国人嫌悪および関連する不寛容に関する」特別報告者、ドゥドゥ・ディエンさんが2005年7月に日本を公式訪問した。2006年人権理事会に提出された報告書にはウトロに関して、次のようにある。
「D．朝鮮半島出身者およびその子孫（コリアン）
　54　ウトロ地区訪問中、特別報告者は、第2次世界大戦中、軍用飛行場建設のため日本政府によってこの地域に連行されたコリアン・コミュニティの現在の生活状況を具体的に目撃する機会を得た。終戦後、飛行場建設の計画は放棄され、この地で働いていたコリアンは、戦時賠償を受けるどころか忘れられ、仕事も資源も保護も法的地位もないままこの地に置きざりにされた。ウトロの衛生状態は悲惨なものである。水道のない世帯が相当数あり、またこの地域には排水設備がないためしばしば浸水が生じている。下水管はないものの露天の下水溝があるが、水位上昇することが多い。宇治市が管理する近隣地区の水路から、ウトロの下水溝にしばしば逆流があるためである。現在ある貧弱な基本インフラは、住民整備したものである。公的機関がこの地域を訪れたことはない。住民は、働いている者は所得税を納めていることを強調しながら、基本インフラが整備されていないのは不当であるとしている。
　55　住民の多くはウトロで60年以上過ごし、このような非常に不安定な生活状況に苦しんできた。その苦しみはいまなお続いているが、自分たちの唯一のアイデンティティとして、思い出として、情緒的絆として、この地に愛着を覚えている住民が多い。しかし住民たちはいま、立ち退きの脅威にさらされている。終戦後、この地は契約者（現在の日産車体株式会社）によって所有され続けてきたが、1987年、この土地は居住者に無断で不動産仲介人へ売却され、その仲介人が住民に対し即時の立ち退きを要求したのである。京都地方裁判所および大阪高等裁判所は、土地は不法占拠したものであるとしてウトロの住民の申し出を棄却した。両裁判所は、住民は家屋を取り壊してウトロを去らなければならないと判示している。最高裁判所は、日本政府当局によって連行され、この地で60年以上生きてきたウトロ住民のいかなる権利も認めず、

際人権基準に添って考えると、日本政府（京都府、宇治市）には次のような即時的義務があることになる。
　１．住民と平和的な解決を求めて、実質的に話し合うこと
　２．強制立退きに代わるすべての合理的な代案を示すこと
　３．必要な場合は、十分な代替え住宅が提供されるべきこと
　以上は、人権保障を基本とした問題解決の方向性を示している。日本政府が人権条約上の国家の義務を果たすとするなら、2006年6月を提出期限とした次回政府報告書では前回指摘された事項について、この5年間に政府が行った「権利の実現のためにとった措置、及びこれらの権利の実現についてもたらされた進歩に関する報告」が具体的に書かれることになる、はずである。

（4）　ウトロまちづくり計画

　一方、現実に国内裁判所での住民敗訴の見通しが固まると、強制立ち退きの危機が住民に認識されるようになった。住民の多くは貧困であり、土地を買い取るだけの資力はない。そこで「強制執行」という最悪の事態を事前に阻止する方策として、行政の介入によって住民を救済するプランが模索された。これには将来の土地利用プランを被告側が先に示すことで、原告側の選択の余地を広げ、最悪の事態を回避したいという意図が含まれていた。1999年、ウトロまちづくり研究

　立ち退き命令を追認した。さらに判決では立退きの日が明示されておらず、ウトロ住民は、立退きの耐え難い脅威が続くなかで暮らさせられている。ウトロで暮らしているコリアンは、自分たちは第一に植民地主義と戦争の犠牲者であり、その後は差別と排除の犠牲者となり、さらに最近では不動産投機の犠牲者であって、基本的権利を60年以上侵害され続けてきたと感じている。
　Ｖ．勧告
　92　ウトロに住むコリアン住民の状況に関して、政府は、ウトロの住民と対話を始めるとともに、当該住民を強制立退きから保護し、かつ当該住民が住むところを失わないようにするための措置を直ちにとるべきである。ウトロのコリアン住民が、植民地時代に日本の戦争遂行のための労働にかり出されてこの地に住まわされた事実に照らし、またそこに住むことを60年間認められてきたことを考慮し、政府は、これらの住民がこの土地に住み続ける権利を認めるための適切な措置をとるべきである。」

会はウトロ地区の全建築物を実地調査し、その住環境の現状が国土交通省所管「密集住宅市街地整備促進事業（旧称、コミュニティ住環境整備事業）」の実施条件に適合しているか否か、数字をあげて具体的に検討した。その結果、住宅密集度、老朽化率、戸数などいずれの実施条件も十分にクリアできると確認された。ウトロ町内会と守る会は「住民ワークショップ」を重ね、その中で住民の圧倒的多数は将来もウトロに住み続けたいとの意向が示された。

「人生でここウトロしか知らない。他に行く場所がない。ここは故郷、親から引き継いだもの。住みやすく、住み慣れている。同胞の中で自由な生活ができる。貧しくても助け合っている。生活力がないから（あっても）他で暮らすことはできない」。また、具体的な日常生活の場面からは、「病気のときはだれかが声をかけてくれる。日頃の声かけがあるから認知症老人が少ない。自分の家で死ぬまで住みたい。チャンゴ（民族楽器）を思いきり叩けるまちで暮らしたい。ウトロの人と挨拶すると自然と笑顔がこぼれる。ここには言葉では表せない雰囲気がある」。

これらの住民の声は、「新しいまちづくりの目標」として集約された。

 １．高齢者、障害者、子どもに優しいバリアフリーのまち
 ２．人と人の触れ合いを大切に、コミュニティのあるまち
 ３．安全で災害に強く、住みやすいまち
 ４．みんながきまりを守り、明るく開かれたまち
 ５．チャンゴ（民族文化）の聞こえるまち

2000年7月、ウトロ町内会は住民を立退きの対象としてではなく、まちづくりの新たなパートナーとして位置づける「ウトロまちづくりプラン（第１次）」を発表した。計画概要は次のとおりである。

事業主体（京都府または宇治市）は住環境整備のため、再開発事業の実施地区としてウトロを指定する。原告から土地を事業用地として買収し、その利益を保障する。不良住宅など全建物を所有者（住民）から買収し、除却する。再開発計画に基づき土地を高度利用し、区画

第5章　京都ウトロ居住者の抱える問題

整理して都市計画道路、コミュニティ・センター、コレクティブ型公営住宅、住民への分譲地、道路、水路、公園などの公共施設をつくる。住民は公共事業の実施により、既存の住居を失うが、代わりに公営住宅への入居が可能となる。ただし、事業計画の実施にあたっては、住民全員の団結と全面的な協力がその絶対的最低条件となる。

「私は55年間このウトロで生きてきて、ウトロ以外は知りません。亡くなった主人のためにも、子や孫のためにも、私はここを出て行くわけにはいかないのです。主人が残してくれた家を潰されたくはありません。ですが、いまのウトロをいったん更地にしてまちづくりするのだという考えを聞き、ウトロのみんなが揃って、これからもこの土地に住み続けるためには、力を合わせて新しいまちづくりをしなければならない。新しいウトロができるのなら、私の大切な家を取り壊しても仕方がないと、悩みに悩み抜いた末に涙をのんで決心したのです」（姜春子、63歳）

「まちづくりプランを聞いて、絶対に成功してほしいと思いました。5つの宣言どおりのまちが実現できたら、これまでマイナスのイメージしかなかったウトロは、明日を切り開いていくまちになります。平和なウトロが実現する日まで、一緒に考えていきたいと思います」（在日の支援学生、20歳）

ウトロ町内会はこのプランを京都府、宇治市に提案した。

2001年8月、ジュネーブで日本政府代表は、社会権規約委員会による政府報告書審査の冒頭、とくにウトロ問題に言及して、「密集住宅（市街）地整備（促進事業の実施）に伴い、住宅に困窮することとなったものであれば、公的住宅への入居が可能である」と発言した。また、ウトロ住民とはすでに協議中であると言明[8]し、それが総括所見に反映されたことは先に見たとおりである。

2002年3月、「もし仮に、急な強制執行があった場合、宇治市はどのように対応するのか。また、住民はまちづくりプランを策定して行

（8）　社会権規約NGOレポート連絡会議編『国際社会から見た日本の社会権　2001年社会権規約第2回日本報告書審査』112頁

政の支援を願っているが、その対応はどうか」との質問に、宇治市は市議会で次のような答弁[9]をした。

「強制立退きという不幸な事態に発展しないよう、住民と土地所有者の当事者解決が進むように見守っている。仮に急な強制執行が行われることがあれば、市民生活を守るという人道的立場から緊急避難的な対応をしなければならない。ウトロ住民が策定されたまちづくりプランは宇治市独自で対応できるものではなく、昨年から京都府とともに国土交通省や外務省へ協議を持ちかけ、検討を要請している」。

しかし、京都府、宇治市は「ウトロ土地問題は基本的に民間と民間とのあいだの土地問題である」として、従来と同様、事態の推移を見守るだけの対応に終始している。こうした姿勢の背景には半世紀以上、朝鮮人住民を放置してきた日本人地域社会の過去を克服できない分厚い価値観が横たわっている。

(5) ウトロ集落の変化と現状

土地転売事件の発生からすでに10年余が経過し、ウトロ集落の実態も変化してきている。当初（1988年）の世帯数と人口は、約80世帯380人であったが、現在（2003年）では、約70世帯230人である。人口の流失が進み、空家も目立つ状態となった。とくに2〜3世の比較的経済力のある若い世代がウトロから転出し、生活保護、高齢者単身世帯などの「社会的弱者」が残るという傾向が続いている。多人数家族の子どもたちが成長すれば、外に出て行くしかない。在日1世の高齢者はこの地を離れてはとても生きていけない。……住民の高齢化・少子化が年々進んでいる。この間、住宅の新築、増・改築はほとんどなく、木造家屋は経年による老朽化で居住条件はますます悪化している。周囲の住環境の劣悪さも放置されたままである。毎年の集中豪雨時には周辺の公共水路が溢れ、民家数軒が床下浸水する被害が発生している。また、「在日」住民の世代間の価値観や帰属意識のあり

（9） 平成14年度宇治市議会予算特別委員会での原田和久助役の答弁主旨（2002.3.26）。

方も近年多様化し、朝鮮人集落としての社会的基盤が大きく揺らいでいる。

　この現実の上にたって、新しいまちづくりの最も重要な課題は、ウトロ・コミュニティの存続と高齢者の処遇であろう。親しい同胞に囲まれてよりよく生き、安心して死んでいけるように、明るい未来への展望が切り開かれなければならない。しかし、住民の多くは個としての自立が阻まれ、将来に対する不安と現実からの逃避傾向、さらにはその日暮し的な金銭欲求も重なってまちづくりプランに対する決意も揺らぎがちである。

　こうした中で、2002年6月、在日の高齢者福祉に取り組むNPOが、デイ・サービスセンターをウトロでオープンし、週2～3回、同胞の看護師やヘルパーによるサービスが開始された。「いつ立退かされるかと不安をかかえる中で、この地域の高齢者たちのくつろぎの場ができたことは意義深い。ウトロは在日コリアンの証言の場。苦労を重ねて来た人たちの笑いの拠点になってほしい」と、金教一町内会長は話している。

　2002年7月から、高齢者一世の生活史の聞き取り調査が守る会のメンバーを中心に行われている。

おわりに

　住民のひとり文光子（1920年生れ）が家族と共に朝鮮半島の農村から、「夜逃げ」のように日本に渡って来たのは彼女が7歳のころである。朝鮮半島を植民地支配した日本は土地調査事業によって、その土地を農民から奪った。それは一方で、近代的所有権に基づく土地制度の確立であると宣伝されたが、朝鮮農民の多くは従来の耕作権を奪われて、小作へと転落した。また、日本人高利貸に苦しめられ、日本や「満州」などへ流浪せざるをえなくなった者も多く、「合法的」に奪われた土地は全体の農地の4割にも及んだという。彼女が戦時中に移り住んだウトロの土地は、戦後も清算されず放置された状態のまま、1987年3月、その所有権が転売されて住民の占有は「不法」と断定

[斎藤正樹]

された。しかし、戦後半世紀近く、ウトロの土地はそれ自体が朝鮮民族全体の社会的共有財産であるかのように朝鮮人社会では見なされてきた。土地の譲渡や売買は、共通の価値観で結ばれた同胞間だけで行われた。多くの場合、口頭だけで契約書はなく、トラブルもなかった。仮にトラブルがあっても同胞社会の中で解決された。朝鮮人コミュニティとその社会規範の中で、住民は安心して生活できた。そして、その土地は居住（生活）を支える基礎であった。単に金銭売買の対象とされる「商品」では、決してなかったのである。

現代日本社会の土地所有制度の特異性は、土地そのものの商品性が最大限に保障されている点にあると言えるだろう。農地を除き、一般商品とほぼ同等の商品性が保障され、とくに都市部の宅地についてそれが顕著である。そして、土地所有者の権限は極めて強固に保護されている。土地の価格はもっぱら市場原理によって左右され、しばしば投機的な取引の対象とされる。本来、土地と密接な関係にあるはずの人間の「居住」に関して、日本の法律には「人が住むこと自体の権利性」がほとんど考慮されていない。

近代的土地所有制度の確立を歴史の普遍的な進歩とみなし、同時に侵略・植民地支配という加害の歴史を現実社会で自覚できない日本人社会の意識の現状は、歴史認識の根本において不健全であると言えよう。ウトロ事件は日本社会それ自身が生み出した閉鎖性を象徴する1つのメルクマールとして、今後の展開を含めて、国際的に注目を集めていくことだろう。人間の居住（生活）とは何か。居住を支える土地とは何か。……朝鮮人集落の強制立退きという厳しい現実によりそいながら、その本質を今後も考えていきたい。

（敬称略）

第10回 日本居住福祉学会研究集会

田川明子〈司会、ウトロを守る会〉

　私たちウトロを守る会は、ウトロ住民が今後もここウトロに住み続

第5章 京都ウトロ居住者の抱える問題

けられるように、いろんなことを考えて、居住の保障ということを追求してきました。集会を始めます。

早川和男〈神戸大学名誉教授、日本居住福祉学会会長〉

　韓国住居環境学会の会長の文永基先生、辛相和先生、ウトロにお越し下さりありがとうございます。私がウトロに寄せて頂いたのはこれで5回目なのですが、住民の方々がここで住み続けたいという気持ちは実によくわかります。もしも散り散りばらばらにされたら、生きていけないのですね。

　私たちの学会は単に机の上だけで勉強するのではなしに、実際に住んでいる方々と交流して、居住という問題を考えていこう。安心して住むということ、住居というものを基本的人権と考える、それを居住福祉とよんでいるわけですが、建物の安定や地域の人間関係、街や風景を居住福祉資源、基本的人権として位置づけていこうということです。こうした考えの下で学会を運営しています。ウトロでは3年前に第2回研究集会をやらせて頂きました。今日は10回目の研究集会です。

文永基（ムン・ヨンギ）〈韓国・江原大学教授、韓国住居環境学会会長〉

　みなさん、こんにちは。実は私はこれまでウトロ問題を全然知らなかったのです。9月の国際会議にウトロ住民4人と守る会3人が参加するということを、早川先生からその1週間前にお聞きしました。早川先生に連絡すると「文さんはどう考えるのか」とおっしゃるので、韓国側の重要なメンバーと相談して、これは受け入れなければならないと決めて、賛成しました。すると早川先生は「そうですか」とおっしゃいました。これは日本だけでなく、韓国の問題だから応援しなければいけないと思って、住民4人と守る会3人を受け入れました。研究発表の経過は、辛相和さんが後で資料をもって発表します。研究発表後に動きが出て、韓国のマスコミに多く出ました。東亜日報、朝鮮日報、ハンギョレ新聞など主要な日刊紙に出ました。韓国政府もウトロ問題があることを、いまはある程度分かっています。これからどうなるか分かりませんが、韓国で応援するように私自身はもちろん、韓

国住居環境学会としてもみなさんを積極的に応援するつもりです。

　さて、まず1つ目に、私は今日の講演のため日本の憲法や法律がどうなっているか調べてみたのですが、日本の法律には住宅のことがありませんでした。韓国の憲法には住宅のことがはっきり書かれています(10)。憲法の下にある法律をみると、日本にはありませんが、2003年、韓国に住宅法ができました。住宅法には居住の権利のことがある程度のっています。このことを日本と韓国で比較すれば、韓国が先行しています。今は、韓国もウトロのことを知ったのですから、韓国政府は何とかウトロや在日韓国人に対して、希望が持てるように応援しなければいけません。実はこの度、韓国政府の建設交通部（省）の人から「いっしょにウトロに行きましょうか」と言われました。私も今回初めてですから、まずは私が先に見て、次の機会に一緒にということにしました。ですからウトロのみなさん、どうか自信を持ってください。

　2つ目は居住の権利についてですが、ウトロのホームページなどでいろいろ調べてみて、良く分かりました。いままで、ここまで持ってこられた守る会の斎藤さんや田川さんの努力に、これはみなさんと共

---

(10)　韓国憲法では以下のとおり規定される。
　　　第34条〈生存権、国家の社会保障、社会福祉の増進義務〉
　　　1、すべての国民は、人間としてふさわしい生活を営む権利を有する。
　　　2、国家は社会保障、社会福祉の増進に努める義務を負う。
　　　3、国家は、女子の福祉および権益の向上に努めなければならない。
　　　4、国家は、老人および青少年の福祉向上を図る政策を実施する義務を負う。
　　　5、身体障害者および疾病、老齢、その他の理由により、生活能力のない国民は、法律の定めるところにより、国家の保護を受ける。
　　　6、国家は、災害を予防し、その危険から国民を保護するために努めなければならない。
　　　第35条〈環境権、住宅開発政策の努力義務〉
　　　1、すべての国民は、健康でかつ快適な環境の下で生活する権利を有し、国家および国民は、環境保全のために努めなければならない。
　　　2、環境権の内容および行使に関しては、法律でこれを定める。
　　　3、国家は、住宅開発政策等を通じて、すべての国民が快適な住居生活を営み得るように努力しなければならない。

第5章 京都ウトロ居住者の抱える問題

に拍手をしなければいけません。

　3つ目は差別のことです。私も学生時代に3年半ほど神戸市に住んでいたことがあります。大阪や京都も同じでしょうが、在日韓国・朝鮮人に対する差別の問題があります。よく言うでしょう「地球はひとつ」と、この時代に差別は流行らないでしょう。日本人のみなさんにお願いします。戦争の問題とかいろいろ言いたいことはたくさんありますが、いまは我慢します。とにかくこれから、ウトロの住民の方は一つにならなければいけません。バラバラになったら、望ましいことにはならないと思います。みなさんは一つになって、みなさんがこれまで考えてこられた方向に持っていくのがよい、ということです。

田川明子〈司会〉

　[日・中・韓の会議では、]何とかウトロの現状を韓国、中国、日本の先生方にお分かりいただきたいということで一生懸命でした。そばにいる私たちにもそれは伝わりました。4人は自分たちの住まいのことを訴えるのに、一世一代のチマ・チョゴリを着て、記者会見に臨みました。次の日の韓国の新聞各紙の社会面のトップには、「私たちに関心を持ってください」と訴える、きれいなチマ・チョゴリを着た4人と、その後ろに立って並んでくださった2人の会長さんがありました。

厳明夫（ウオン・ミョンブ）〈ウトロ町内副会長〉

　最近のウトロの動きをここ1年ぐらいに絞って報告したいと思います。

　2003年12月25日にウトロの土地の所有権者（有）西日本殖産から井上正美さんという個人に替わりました。まだ調査中ですが、井上さんは西日本殖産の共同代表の1人である稲本八十八さんと取引して、簡易裁判所の即決和解（金額2,000万円）という手段で物件を手に入れたようです。2004年の春ごろから、ウトロにいろんな業者が下見に来て、建物の解体事業費はいくらだとか、あるいはウトロの土地が売りに出されている、誰か買わないかとか、いろんな話が伝わってきました。その中で、住民が業者に声をかけると、「井上さんから声を

かけられて下見に来た」ということでした。それで7月ごろはたいへん緊張しました。一説には2004年の年内にも強制執行があるという噂が流れてきたりしました。そこで、8月8日に町内会と守る会は緊急集会をウトロで持ちました。住民や支援者が500人も集まりました。ウトロ地域をぐるりと取り巻いてヒューマンチェーンをしたり、近鉄大久保駅までのデモ行進をしたり、住民は支援運動にとても心強く励まされました。

　こうした経過の中で、いま大阪地裁、高裁で、住民の知らないところでウトロに関係する係争事件が2件あります。1つは、ウトロの土地に抵当権が設定されていますが、それは大阪の不動産会社、三栄地所が有限会社西日本殖産に対して5億円、一番抵当の仮登記がついています。その西日本殖産が三栄地所に対してこの抵当設定は無効だという訴訟を起こしています。地裁では西日本殖産が勝利し、三栄地所が控訴しています（その後、控訴審では逆転して三栄地所が勝訴し、確定した）。2つ目には井上さんが所有権を手にしたことに対して、もう1人の西日本殖産の共同代表である金沢徳明さんが、私は了解していないので所有権移転が無効だという訴訟を起こしています（その後、金沢さんは死亡した）。2つとも相手方の所有権者の中での訴訟ごとです。2つの訴訟については、2005年の早い時期にも判決が下りるという情報があります（その後、2005年3月末、大阪地裁で井上さんが勝訴、西日本殖産は大阪高裁に控訴した）。それにつれて、井上さん側からの動きがウトロにきています。住民代表と話し合いたいという打診があり、昨日も対応策を練るため、ウトロ町内会の緊急集会をしました。私たちはどんな相手からの話も聞きますが、根本的にこれで解決できるとは思っていません。訴訟の結果もまだですから。

　ここに2005年11月9日に新任の韓国の駐日全権大使が京都府知事を表敬訪問したという新聞記事があります。これは9月の韓国での国際居住問題研究会議の成果です。国際会議の直後、韓国外務通商省から大阪総領事館を通して、ウトロ町内会に問い合わせがありました。駐日全権大使がウトロ問題を取り上げて「これは問題だと考えてい

る」と言い、京都府知事も「問題があることは認識している」。このような内容は、ウトロの運動を16年間やってきて、初めてのことです。住民もびっくりしています。11月17日には大阪総領事が宇治市役所を訪問し、市長に申し入れをするということです。22日には韓国政府の高官がウトロを視察する予定です。相手側の動きや強制執行の不安がある中での、こうした韓国からの動きをとても心強く感じています。

辛相和（シン・サンファ）〈晋州国際大学建築学部教授、韓国住居環境学会総務相当理事〉

　紅葉の美しい季節にウトロでみなさんとお会いできてうれしいです。画面を使った国際会議の報告〈省略〉と、韓国での強制撤去の事例について報告します。

　1999年に韓国のKBSが放送したドキュメント番組のビデオを、私の大学の授業の中で学生（1年生）に見せて、その感想を書かせました。そのレポートの一部を紹介します。

　「韓国がウトロの人たちに何をしてあげられるのか、（ビデオを見て）そのことが一番に記憶に残っています。」「インターネットを調べると、9月の国際会議の記事がありました。ウトロ住民は自分たちのこと、胸を張って話していました。」「資料には何年も前のものもあって、今日まで解決しないのは悲しいことです。」「こんなにウトロの人は闘っているのに、私はいま初めて知ったことが恥ずかしいです。」「日本ではこれ以上助けてくれることはないとも思いますが、韓国で何を助けられるのか分かりませんが、ウトロを守る人たちに力をあげられる基本的なことをしなければいけないと思います。」「10年以上闘うことは、本当に厳しいことだと思います。」「韓国からすこしでも助けることが出来ればしてほしいと思います。韓国は力のある国だからよかったです。」「一日も早くウトロの韓国人たちが生活しやすくなるように願っています。」「ウトロのことで正直な日本人がいることが、これからのよりよい韓日関係の基本になると思います。日本政府も韓国政府も戦後補償問題を積極的にやってほしいです」。

さて、私の専門は都市計画や都市設計です。ウトロの中の下水道など住居環境を見ると、歴史的問題だけでなく、住んでいる人の居住権〔環境〕の問題だと思いました。韓国でも強制的に撤去されるケースは多くあります。その事例を紹介します。私個人の意見として、ウトロには再開発が必要ではないかと思います。住環境の悪さは病気の原因になるので、生活しやすい住環境が必要です。韓国の再開発は基本的に都市機能を現代化し、不良住環境を改善し、住民たちの生活を良くすることが目的です。不良住宅の改良を通じて、住宅の供給を増やす効果があります。また、都市の低所得者の密集住宅を社会的、経済的、文化的に再生させる社会福祉政策の一環でもあります。ソウルの事例ですが、都市再開発事業はソウルの住環境を大きく変化させました。韓国では、強制撤去は、社会問題として否定されています。老朽化した密集不良住居地域が都市再開発の対象とされています。しかし、その場所に住んでいる多くの低所得の人たちは、不完全な職業や失業状態の場合が多くあります。都市の中でこうした賃貸住宅に生活している人たちがかなりいます。不良住居地域はこうした人たちが生活するのに便利な条件を提供しています。他のところでは、生活費が高く入居できず、不良住居地域が逆に生活しやすいところとなっています。そこには職場を紹介する場があり、情報交換とかネットワークが構築されていて、集団的生存政策の一環として、不良住居地域が維持されております。しかし、そういう地域に居住している都市の低所得の人たちの経済的条件を考えないで、物理的強制力や、イデオロギーを基にした政策が採られました。そういう現実がありました。再開発は、居住空間をなくすということです。住んでいる人たちのことを考えずに進めることは、居住空間がなくされると共に、生存の根拠がなくされるということを意味しました。一方、低所得層の犠牲のもとに、開発の利益を得ようとする開発業者が存在しました。こうして進められた再開発事業に対して、低所得層は抵抗するしかないのが事実です。住民たちが再開発に対する抵抗の手段は、住民たちがその地域にそのまま住むことです。再開発をする側から見ると、最も強力な手段は強

第5章 京都ウトロ居住者の抱える問題

制撤去ということになります。それが韓国でも多かったのですが、最近のことではありません。にもかかわらず、在日のウトロ問題について、韓国は解決しようとする努力がいままで十分ではなかったのです。韓国では再開発の問題について対案がないのかというと、いくつかの案があります。

次に韓国で行われていることをお話します。

循環式開発のことです。循環式とは居住民に対して先に住居の対策をして、後で家屋の撤去する方式です。例えばウトロに例えると、ウトロはかなり広い土地ですから、まず、ある一画に仮設住宅をつくり生活できるようにする。そこに立ち退きになる住民を移して、その地域を再開発して住宅をつくる。そして、仮設の人をその住宅にもう一度移す。これを循環式開発といいます。循環式開発には次のような利点があります。一般の開発では開発が進むと開発地区の新しい土地や家の値段が上がってしまい、元からの住民が暮らせなくなります。支払い能力のない入居者が最も環境の悪いところに移住するしかなく、それで再び撤去民になるという悪循環になります。ほかの地域に移されると子どもの学校の問題とか生活圏に関する問題が出てきます。ですから、そこの住民をほかの地域に移すだけでは本質的な解決にはならないのです。しかし、循環式再開発の場合は住民の生活圏や居住権が保障できるのではないか。韓国ではそう考えられています。

斎藤正樹〈討論司会、ウトロを守る会、日本居住福祉学会理事〉

それではこれから討論を開始します。

韓国の駐日大使の京都府知事との会見はウトロにとってこれは画期的なことです。日本の行政は上から下にしか動きませんので、何らかの大きな力になっていくだろうと思います。

次に、ウトロのデーターについて説明しますと、現在は約65世帯、人口は約200人です。十数年前と比べますと、人口は半減しています。最近はとくに少子高齢化が進んでいます。ウトロの中を見学されるとお分かりのように、かなりの数の空き家があります。建築物の全体の戸数は約150戸、うち住居系は約110戸です。1989年に立ち退き訴訟

が始まって以来、ウトロの中で住宅の新築や増・改築はほとんどありません。住民は住宅にお金を使わなくなっています。住環境も改善されていません。行政からも放置されたままです。ウトロでは以前は比較的多人数世帯が多かったのですが、それも徐々に解体されていきました。近年は夫婦と子どもという標準世帯、あるいは若い働き手のいる世帯がウトロから出て、近くのマンションか建売住宅に転出する場合が増えています。そして、どこにも行き場のないお年寄りがウトロに残されています。

　生活保護世帯が全体の約2割あります。宇治市内では飛びぬけて保護率の高い地域です。高齢者の年金受給率は1割以下です。ちなみに日本人の平均は9割以上です。国民年金加入の国籍条項によって、かつて定住外国人は国民年金に入れなかったのです。朝鮮人に対する差別の結果です。この二つのことは関連しています。ウトロでは高齢者に年金収入がないから、一人世帯となって生活保護をもらう場合が多いのです。16世帯20人が高齢者だけの世帯です。万一、ウトロで強制執行が行われれば、ウトロの中での社会的弱者がホームレスになりやすい。障害者やお年寄りの一人暮らしが最も気にかかります。

　ここ数年の出来事としては、デイケアセンターがウトロの中でオープンしました。ここを中心に地域全体の中で社会福祉が回り始めています。私たちがいま最も考えるべきことは、コミュニティの存続と高齢者の処遇でしょう。ウトロの中の在日一世の数は年々減って、いまは十数人です。高齢者では女性が圧倒的に多いです。全体の人口の男女比も2対3です。一般的に長男が家を守って残り、二男三男は近くに転出する、娘は結婚するまで家にいるというような事情が数字に表れているのでしょうか。一旦転出したのち、何かの事情でウトロの実家に戻ってくる人もいます。

　私たちは数年前に第1次まちづくりプランを作りました。これはウトロ立ち退き裁判での敗訴が見通せる段階となり、判決確実後すぐにも強制執行が行われるという最悪の事態を予想して、これに対抗する手段として、対外的な力関係を考慮して作ったものでした。強制執行

にかわる問題解決の方法、つまり「対案」を住民側が持たなければならないという切迫した事情が背景にありました。そこで、住民が判決後の状況認識を深めて、解決策を自分で考えるために、住民参加のワークショップを数回行い、将来プランを練りました。住民にウトロの土地全部を買うだけの資力はありません。そこで、ウトロの土地全体を一地域として再開発する場合、住民はその土地の上にいまはバラバラに住んでいますがこれを一区画にまとめて、余った土地（3分の2）を平穏に明け渡すことで、これに見合う対価として居住部分（3分の1）を住民は確保するという綱渡りの計画です。もともと相手側の資本の論理に沿った考え方がベースですから、利害計算が一致すれば相手にとって意味を持つものとなるはずです。また、公営住宅建設など住環境改善事業を組み込めれば、国など行政からの財源がありますから事業実施は有利になります。実施方法については先ほど辛先生からご紹介いただいた方法と近いものを、日本では「転がし方式」と呼んでいます。しかし、この計画は現在までにウトロ住民の中では、棚上げ状態となってしまいました。その理由は、行政が事業の実施に消極的であること、判決確定後の強制執行が現在までなく、多くの住民は当初の危機感も薄れ、不安の中でもやや安心して現在の住居をそのまま現状維持したい（このまま土地の占有を続けたい）という欲求に戻ってしまったからです。また、住民の中での利害関係や何やら別のことで、住民が一致できることも現実的に限られています。いわばメッキがはげて、先の計画より目前の利害に左右されがちになりました。継続した運動と相手側の内部事情で強制執行は阻止されているものの、このままの状態がいつまでも続くという保障は何もありません。私たちはこうした内外の状況を踏まえ、住民がこれからもウトロに住み続けられるための第2次計画を、現実に即して改めて作る必要があります。

吉田邦彦〈北海道大学教授、日本居住福祉学会副会長〉

　ウトロには3年ぶりです。北海道大学法学部で民法を担当しています。今日の会議は9月の国際会議[11]の延長線上にある。その一環で

ウトロ問題を考えるということです。文先生、辛先生のご支援によって、ウトロ問題は新たな局面に入ってきているのではないかと、実感しております。

　私は前回、2001年夏に初めてウトロに参りました。それまでウトロ問題について、何も知りませんでした。それ以前の日本居住福祉学会で斎藤さんから事情をお聞きしたのが最初でした。ウトロには10件ぐらい訴訟があるのですが、一つも公表されていません。大変不思議なことだと思うのですが、2001年夏にここに来て、ウトロの弁護士さんからお話を聞き、質問もしたのですが、よく分からないところがありまして、論文を書いたのです[12]。ウトロ飯場の写真とかも入れながら、ウトロ問題について紹介をし、私なりの分析をしております。いまでは日本の民法研究者のほとんどが、ウトロ問題を周知していることとなっております。

　それから、アメリカでも「法と社会」学会で報告することがありました。私は2003年秋まで、ハーバード大学におりましたが、ハーバード大学の先生もウトロ問題に非常に関心を示してくれています。

　ここは学会ですので3点だけ質問をし、意見を述べたいと思います。

　1つに、ウトロ問題はここだけの特殊な問題ではなく、兵庫県伊丹市中村地区、神奈川県川崎市戸手地区や大阪府高槻市成合地区にも同様の問題があります。法的には所有権のないところに住んでいるということで、ホームレス問題もこの延長線上にあります。ジュリストに書いたように、これと関連する民法の取得時効の問題をもう少し掘り下げて考えていきたいと思います。つまり法的に所有権限のない人にも、何らかの所有権限を与える、所有法の問題です。その際、行政が住宅政策の一環として積極的に取り組んでいくことが必要です。住民の高齢化が進んでいますから、これは急務だと思います。例えば、発

---

(11)　これについては、吉田邦彦「東アジア居住福祉法学の新たな胎動」ジュリスト1279号（2004）138頁以下。

(12)　ジュリスト1219号（2002）［吉田邦彦『多文化時代と所有・居住福祉・補償問題』（民法理論研究第3巻）（有斐閣、2006）472頁以下］参照。

展途上国であるペルー政府は630万人の不法占拠の人に所有権限を与えました。経済政策の一環として、そのことで経済基盤の確立と活性化が図られました。そういう所有法の組み換えを行っています。ウトロは象徴的な問題ですが、ここだけでなく各地の共通した課題をもつ地域のネットワークを、幅広く作ってほしいと思っています。

　２つに、ウトロのまちづくりプランのことですが、都市開発は「両刃の剣」なのです。下手をすると、国際会議で中国の例が発表されましたが、都市開発の裏側に強制立退きが出てきます。ウトロの場合についても、戦後継続して60年も居住した、生活の意味は大きいと思うので、まちづくりプランの中に長年の居住生活を考慮した面をもう少し考えに入れてほしいです。

　３つに、単なる居住だけでなく、この問題は強制連行の問題の延長線上にあります。私はウトロ問題に出合ったことで、強制連行の問題にかかわる出発点にもなりました。その関係で韓国に謝罪の旅にも行きました。ソウルや大邱（テグ）で強制連行の被害者の遺族の方にお会いしました。取得時効の問題は強制連行問題の延長線上で見ていく必要があります。戦後責任の問題を追及するものとして、韓国で「日帝強占下強制動員被害真相糾明に関する補償法」が出来ました。2004年秋から、本格的な調査委員会が立ちあがり動き出します。強制連行の問題というと、損害賠償をイメージしがちですが、ウトロからも調査委員会に働きかけて、関心を持っていただいたらどうかと思います。日韓のネットワークで問題を協議することが大切です。ウトロ住民にも韓国の両親と生き別れた人がいます。強制連行された子孫の居住問題という角度からも検討してほしいと考えます。

野口定久〈日本福祉大学教授、日本居住福祉学会理事〉

　専門は地域福祉計画です。１点目は地域福祉計画の問題です。従来、地域福祉計画では社会的弱者の問題はほとんど取り上げられてきませんでした。地域福祉計画の中で、ウトロ問題をどう取り上げていくかはとても重要な問題です。そのうえでウトロの再生プログラムを考えたいと思います。

［斎藤正樹］

　最近のウトロの動きをみると、時代の流れが変わったなと思います。いままでウトロは国家を通してローカルな問題を京都府や宇治市で解決していきたいという報告でしたが、今回はグローバルに、国家の枠を超えて国際世論に問題提起しました。日本という国家は得てして外圧に弱いのですが、ローカルな問題が国際世論の力で国家を動かすようになってきた。みなさんが韓国での国際会議で報告された、その成果がありました。

　具体的な再生プログラムについてですが、ウトロの中の実践として、デイケア・サービスセンターの存在がとても大きいです。まずはその中で小地域ケアを作り上げていく。既存の地縁・血縁のネットワークを利用する。地域外の日本人の若いボランティアの人たちをデイケアに受け入れて、若い人と交流していく。その意味は大きいです。

　2点目は、居住環境の問題です。第1次まちづくりプランはウトロの中の一部分に集まって住むという計画でしたが、いまは状況が変わったと思います。現在の住居の改修が必要だと思います。それをどうするか。住民のこれからの人生のことがありますから。子や孫が住んでいる住宅を改修していくことです。鳥取の地震以来、地方自治体が住宅改修に動いてきたこともあるので住宅の改修や、居住環境を含めて公衆衛生も解決していく方法をとるべきです。そうすると財政が問題になりますが、公共ケア論だと思います。行政、住民、企業、支える市民などが出資してNPOを立ち上げる。これからのウトロを支えていく展望を立ち上げて、住宅の改修をしていくと同時に、デイケアの運営などはNPOでしていく。こうした再生プログラムを立ち上げていくのがいいのではないかと思います。

熊野勝之〈大阪弁護士会、日本居住福祉学会理事〉

　お話したいことはたくさんありますが[13]、駐日韓国大使が京都府知事に会われたと聞きました。とてもうれしいです。2001年8月に社会権規約委員会から、政府との「建設的対話を」するようにと言わ

---

(13) 熊野勝之「居住福祉における強制立ち退きの位置」居住福祉研究2号（2004）65頁以下も参照。

れました。日本政府とウトロ住民との対話が実現することを願っています。今回の成果には仕掛けがあったのだろうと思いますが、住民のみなさんの熱い思いと、ウトロを支える活動によって韓国政府を動かしました。韓国政府に心から敬意を表します。

　10月に新潟で大きな地震がありましたが、1995年1月に阪神大震災がありました。私は兵庫県川西市に住んでいます。被害は神戸市ほどではなかったのですが、私の家族もそれ以来、地震の「トラウマ」になっています。神戸でも多くの人がいまもトラウマを抱えています。阪神大震災のときはたくさんの住宅が壊れ、被災した住民は公園のテントで寝たのですが、神戸市は山の上の方に仮設住宅を作り、その人たちを追い立てて強制立ち退きが行われました。また、半壊マンションの建替問題でも強制立ち退きが起きました。

　私はそれ以来、社会権規約や居住権の問題に取り組んできました。強制立ち退きについて本も書きました[14]。それがみなさんに伝わって、ウトロに最初に講演に来たのは1998年8月です。その後、2000年にウトロ裁判は最高裁で上告棄却されたことを知りました。2001年8月には、ウトロを守る会の新屋敷健さんと一緒にジュネーブの国連に行き、日本の居住の状態を報告しました。その前に国連・社会権規約委員会のアイベ・リーデル委員〈当時、副委員長〉を、日本にお呼びして大阪弁護士会で集会を持ちました。大阪市のホームレスの実態など見てもらい、その機会にウトロ住民のみなさんが直接アピールをし、彼の心に強く印象づけたのだと思います。2001年8月の日本政府に対する最終見解（総括所見）の中に、「ウトロ」という具体的な地名が書き込まれました。

　その後、居住権をめぐる裁判では、大阪市西成区釜ヶ崎地区でのホームレス強制立ち退き事件裁判の控訴審で、アイベ・リーデル委員長に大阪高裁の証人になっていただきました。しかし、判決は控訴棄却でした。いま最高裁への上告趣意書を作成中です。

---

(14)　熊野勝之編著『奪われた「居住の権利」―阪神大震災と国際人権規約』（エピック、1997）。

日本政府や裁判所は社会権規約について、プログラム規定であり、個人が権利を主張できる根拠ではないといっています。そんなことを言い出したら人権条約としての意味がありません。日本政府や裁判所は社会権規約について、どんなに少なく見積もってもミニマム・コア（中核的権利）については守らないといけない。仮にウトロで強制立ち退きが起きたら、政府は住民の居住について最小限のことはしなければいけないのです。社会権規約11条では「原則として強制立ち退きは規約の要請と両立し得ない」と解釈されています。例外的に合法とされる場合の要件は少なくとも3つあります。これをすべて満たしていないといけない。まず、強制立ち退きが必要だとされるについての高度の正当化事由。次に、住民との真剣な真正な協議。そして、3つ目が適切な代替の住宅や土地の確保。そして、立ち退きの結果として住民をホームレス状態にしてはいけないのです。テントで暮らしているホームレスの人のテントを潰して、ホームレスの人をさらにホームレスにしてはいけない。リーデル委員が証言した内容は、「規約でいう住居とは決して贅沢なものではなく、人間らしく住める場所で生活できる条件の確保という意味です。それをしない強制立ち退きは、それ自体が違法である」と言われました。ウトロの場合も当てはまります。

　それともう一つ、民法の問題ですが、権利の濫用の問題があります。詳しく述べませんが、確定判決に基づく強制執行であっても、一定の条件下では権利の濫用が問題になる場合があります。これは1962年5月24日の最高裁判決（民集16巻5号1157頁）で認められています。日本の都市再開発はひどい状態で、すぐに住民を追い出してしまいます。韓国では、どういう論理で強制立ち退きがなくなったのか、知りたいです。

金持伸子〈日本福祉大学名誉教授、日本居住福祉学会理事〉
　私の専門は社会政策と生活問題です。阪神大震災後の被災者の調査をしています。よく「住めば都」といいますが、「住めば都」とするための鍵は住民の力です。これがなくてはできません。ウトロは住民

の代表を韓国まで派遣されました。これは力強い運動です。支援してこられたみなさんに心から敬意を表します。これからはその培われた力を周りにいかに広げていくかでしょう。

　最近、ウトロの人口は減ってきたようですが、転出者の多くはウトロの近くにお住まいのことですから、そうしたお子さんやお孫さんとの連携を一層強めていくことが課題だと思います。

　ウトロにデイケア・センターがありますが、あまりりっぱな建物ではありません。このところ地震などの災害が頻発しているのですから、みなさんがセンターを安心して利用できるように、是非、建物の耐震補強をしていただきたい。このことの実現を、宇治や京都の人がウトロ問題に取り組むきっかけにしてほしいと思います。

上野勝代〈京都府立大学教授、日本居住福祉学会理事〉

　京都府立大の学生がいつもお世話になり、ありがとうございます。私は地元の宇治市に住んでいますが、10年前に新聞でウトロの問題を知って、ここの看板を見に来ました。しかし、当時どうしていいか私にはわかりませんでした。これが最初の出合いです。2つのことを言います。

　ウトロ問題は国際的にはよく知られるようになりましたが、地元の宇治市や京都府ではまだまだ知られていません。私は毎年、学生に「ウトロを知っていますか」と聞きます。はじめの頃は誰も知らなかったのですが、それが最近は変わってきました。この1、2年は20人中1人か2人が手を上げるようになりました。それでも増えてきたのです。

　学生にウトロを見てほしいと思い、授業中のほんの短い時間ですが、斎藤さんのご案内で毎年ここに来ています。ウトロを見ると若い人は変わります。こんなことがあったのかと、若い人は敏感です。このことをもっと広めていきたい。そうした中で2人の学生が卒論でウトロ問題を取り上げました。1人は祖母がウトロに住んでおられた在日の方で、彼女はここにそういう問題があることを知らなかったのですが、まちづくりにむけた作業を一緒にする中で自分のルーツに誇りを持つ

[斎藤正樹]

ことができたと、そう卒論に書きました。うれしいことです。また1人は現地実習の中で興味をもち、ウトロのオモニたちの聞き取り作業に参加しました。そうした卒論の内容を、みなさんに十分紹介できなかったのは残念ですが、そういう学生が出てきています。

　私は宇治市総合計画審議会、都市計画審議会の委員です。この間、ウトロの住環境の問題を審議会で何回も発言してきました。はじめのころ宇治市の職員さんから、これは国の問題だから自治体では解決できないと言われました。私はどうしても言わなければいけないと思い、ささやかではあるが発言してきました。今回、韓国の大使や領事が直接、京都府知事や宇治市長にお会いになるとのことを、大変うれしく思っています。

　最後に、具体的にどうすべきかをお話します。まず宇治市はインフラの整備、上下水道の整備は、どんなことがあってもやるべきです。出来ていないところを改善すべきです。2番目に、京都府や宇治市の公営住宅の建設をするのが良いと思っています。阪神大震災後に復興市営住宅が出来たのですから、やる気になれば出来ることです。3番目に、既存住宅の改修問題と、小規模で多機能型のグループホームの建設が考えられると思います。デイケアをセットした、小規模のグループリビングは、建設費用もそれほど高くないものです。あるいは公営住宅の建設の中に、社会福祉法人やNPOが運営するものを組み入れることも考えられます。目的は住民がこの土地で住み続けられること。利用する制度は国や京都府、宇治市に対して、既存の制度の中でも十分に運用することが考えられるのではないかと思います。

森本喬〈日本居住福祉学会会員〉

　東京から来ました。5年前に私は収入が増えたという理由による強制執行で都営住宅を追い出された経験があります。「ケンカは人の見ているところでやれ」といいます。ウトロは日本の植民地支配がなかったら存在しなかったまちとありますが、そのとおりです。ひとつのアイデアですが、新聞にどんどん投書したらどうですか。私の場合は強制執行されてしまいましたが、執行の費用は払わなかった。マス

第 5 章　京都ウトロ居住者の抱える問題

コミに訴えて行政と闘ったことによる成果だったと思います。
神崎房子〈日本居住福祉学会会員〉
　ウトロの住民は 60 年以上もここに住み続けている、その現実にまず敬意を表したい。私がみなさんから学習したことは、途中でいかなる抑圧があっても、決して住み続けることをやめなかったという事実です。日本では阪神・淡路大震災のあと、何万という住民が住まいを失ってもまだ「住居法」が出来なかった。なぜ出来ないのか？　ウトロの人たちのような運動をしなかったからではないか？　私たちは、自分たちの手で政府を動かして解決したい。これは自分たちの問題です。
松尾紗保子〈日本福祉大学大学院生〉
　私も 9 月に韓国に一緒に行きました。質問ですが、ウトロのデイ・サービスで働いている看護師やヘルパーはウトロ住民ですか。（住民から、スタッフは地元と京都から来ている同胞、看護師は日本人）。若い人がもっとウトロに来るようになれば、環境が変わっていくのではないかとの印象をもちました。
早川和男
　熱心な討論をありがとうございました。住むという字は、人が主と書きます。ここに住む住民がウトロの町の主人公です。ウトロの問題を住民のみなさんが主体となって取り組んでいただき、それを学会が支援していきたい。それには居住の権利を守らないといけない。韓国まで行かれた住民 4 人の決意を、きょう改めて感動を持って聞かせていただきました。安心できる居住は人権と福祉の基礎です。またウトロに参ります。よろしくお願いします。
辛相和
　きょうはウトロ問題の解決に向けて、こんなに多くの人が長時間、一緒に考えたのですから、これからウトロは良くなるだろうと思います。ウトロのみなさんの居住権が大事にされ、生活しやすい環境が作られることを願っています。それを実現するために、住民は力を一つにまとめてください。韓国からも応援します。頑張ってください。

文永基

2つのことを言います。まず、韓国の憲法35条では住居のことが具体的に書かれています。国家は住宅開発政策など、国民が住みよい住居生活ができるように努力しなければいけない。日本の憲法には住居のことがないのですね、びっくりしました。韓国では2003年に住宅法ができました。住宅法にはもっと具体的に書かれています。資本主義社会では資産権が優先されるのは当然ですが、住宅とほかの大きな工場は、性格が違うと思います。住宅については居住権と資産権を同等に考えないといけない。ウトロのみなさんをこれからも応援します。頑張ってください。

田川明子〈司会〉

韓国からのお2人に改めて感謝の拍手を送りたいと思います。〔拍手〕みなさんのご意見をありがとうございました。ウトロの新しいまちづくりに生かして行きたいと思います。これで終了します。

第6章　居住福祉における強制立退きの位置

弁護士　熊　野　勝　之

は じ め に

　2001年8月、国連社会権規約委員会は、社会権規約実施状況についての第2回日本政府報告書を審査し、30日その結論として「最終見解（Concluding Observations）」を採択した。「居住の権利」の部分には、裁判所による「強制立ち退き（forced evictions）」の現状に強い懸念が表明され、厳しい勧告が含まれている。

　本報告は、上記「見解」を通して、わが国における「強制立ち退き」の問題点を明らかにしようとするものである。それは同時に居住福祉における「強制立退き」の位置を明らかにすることになる。

　（1）　今日寝ている場所を明日追い出されるかもしれないという不安定な状態、長年住み慣れた場所から意思に反して家財が運び出され、無惨に解体され、追い出されるという、言い換えれば、現在の場所に住み続ける権利が保障されない状態では、いかに質的に高い居住環境が整っていても、居住福祉は成り立たない。現在の占有状態を維持し続けることを、国際人権法の分野では「占有の保障（security of tenure）」という。「占有の保障」を真っ向から否定するものが「強制立ち退き」である。

　以上から明らかなように、「強制立退き」は、「居住福祉」の否定の最たるもので、その対極にあることがわかる。

　（2）　居住の安定を否定する「強制立退き」には「地上げ屋」など私人による事実上のものがある。これは裁判所に訴えて救済を求めることが可能である。しかし、裁判所の判決、命令によって行われる「強制立ち退き」、地方自治体などの行政代執行法による「強制立退

き」は、一応「合法的」に行われているものと考えられ、これを裁判所に訴えて救済を求めるというのは一見矛盾しているように見えるし、その実効性に誰しも疑問を持つであろう。一応「合法的」に見えても、立ち退かされる者にとっては人権侵害であると強く意識されることが少なくない。もちろん、一定の場合に裁判所等による強制執行が必要であることは言うまでもない。にもかかわらず、従来、日本の国内法に照らして「合法的」と考えられてきた裁判所、行政機関による「強制立退き」が、人権侵害と強く意識され、これを裁判所で争っているという現実がある。このような場合、立退かされる者は、何によって救済を求めることができるのであろうか。それがまさに国際人権法というシステムである。

（3）　本章は、「強制立退き」の問題点とそれからの救済の方法について論ずる、その前提として、国際人権法（国際人権規約）という人権実現のための国際的なシステム、その中で居住福祉学と密接な関係のある「居住の権利」の内容、およびその実現のための手段である「一般的意見」「政府報告書審査」「最終見解」について述べる。

本稿のテーマは上記の通りであるが、本学会は極めて学際的であり、しかも、法律関係以外の会員が多く、国際人権規約等については必ずしも共通認識があるとは思われないので、前提となる事項についてやや詳細に述べる。

1．居住福祉と居住の権利の関係

（1）　**居住福祉**　居住福祉を「居住についてのよい状態」と定義すると、居住福祉学の課題は、何がよい状態かを研究することと、よい状態をいかにして実現し、維持するかを研究することになるであろう。よい状態を、個人であれ集団であれ、自ら実現し、維持できる場合には、さし当たり何がよい状態であるかを明らかにすればよい。しかし、貧困、高齢、疾病、障害、災害などさまざまな原因で、よい状態を自ら実現し、維持できない場合には、家族、隣人、ボランティアなどの

援助を受けなければならないが、それだけでは不充分な場合には国家・地方自治体の援助（給付・予算措置）が必要である。

（2）　**居住の権利**　このように、よい状態の実現にも、現状に対する侵害を防止するためにも最終的には国家・自治体の関与が不可欠である。そして個人が、国家に対して関与を要求することができる関係にあることを「権利」と呼ぶなら、居住福祉の実現、維持には「居住の権利」の存在が不可欠である。

（3）　**国際人権**　国家が自国の憲法、法律で「居住の権利」を定め、その実現、維持に努めている場合には問題がない。しかし、国家がそのような権利を認めないか、不完全にしか認めない場合に、その国に住む個人は「居住についてのよい状態」を実現、維持することができない。ここに、後述するように国際人権法の必要性がある。

　よい状態は幅のある概念である。経済的、社会的地位などに関係なく人間であればだれでも認められるべき内容（これは人権と呼ばれる）を一義的に定めることは難しいが、核となる内容は定めなければこれを国家に対して要求することができない。

　居住福祉を「居住の権利」という人権の側面から見た場合、その最小限の核をなすものは「安心して、平穏に尊厳を持って生活をする場所を持つ権利（right to live somewhere in security, peace and dignity）」（国連社会権規約委員会・一般的意見4）である。

2．国際人権規約という人権実現システム

（1）　世界人権宣言・国際人権規約

　第2次世界大戦が終わったとき、人権は人権を「合法的に」侵害する政府が現れた場合、一国内では守られないことが明らかになった。そこで、1945年設立された国際連合（国連）は、1948年、まず「すべての人民とすべての国が達成すべき共通の基準」として世界人権宣言を公布し、さらにこれを多国間の条約とし、加盟は自由という意味

で各国の主権を尊重しつつ、自発的に加盟した以上、国家は、国連、他の締約国、自己の統治下のすべての人に対し人権実現のための義務を負い、それを国際的連帯と監視によって実現するという方法を考え出した。こうして1966年、国連総会で採択されたものが、経済的、社会的及び文化的権利に関する国際規約（略称・社会権規約）と市民的及び政治的権利に関する国際規約（略称・自由権規約）である。

　例えば、社会権規約には、労働の権利（6～8条）、社会保障の権利（9条）、家族・母親・児童の保護（10条）、適切な生活水準の権利（11条）、到達可能な最高水準の健康を享受する権利（12条）、教育についての権利（13, 14条）、科学及び文化についての権利（15条）を統治下のすべての人にいかなる差別もなく保障すべきことが定められている。

　日本は1979年、両条約を批准し、自国内の人権を規約の水準にまで高め実現する義務と実現状況について5年ごとに国連に報告し審査を受ける義務を負った。

（2）　条約の遵守義務・国際人権規約の国内裁判所における効力
　わが国は憲法で「締結した条約、確立された国際法規はこれを誠実に遵守することを必要とする」（98条2項）と定めている。締結した条約である社会権規約を誠実に遵守することは、憲法を尊重擁護する義務を負う「裁判官、その他の公務員」の義務（憲法99条）である。国際人権規約について言えば、その義務は、具体的には裁判において社会権規約を解釈適用し、規約人権委員会の「最終見解」に示された懸念を解消し、勧告を尊重実施することであるはずである。しかし現実は必ずしもそうなってないところに問題がある。

　ところで国家間の約束（条約）である国際人権規約が、なぜ、国内の裁判所において、国家対個人の関係で権利主張の根拠となりうるのか、という説明を要する問題がある。本稿末尾で社会権規約委員会副委員長アイベ・リーデル（Eibe Riedel）：マンハイム大学教授の証言に言及する際要点のみ触れることとし、ここではこれ以上立ち入らな

い(1)。

（3） 国家の義務の3つのレベル

　国際人権規約を批准することによって国家が負う義務を、居住の権利に即してみると以下のようになる。

　最初に述べたように、よい状態であれ、よくない状態であれ、ともかく現在ある「居住」が奪われると居住「福祉」はその前提が失われるから、現在ある「居住」に対する侵害を防止することは「居住福祉」の最低の条件である。

　侵害は私人によっても行われるが、国家、地方自治体によっても行われうる。国家、自治体は自ら侵害を行わないように、個人・集団のよい状態・個人の努力を尊重しなければならない。国際人権法は、国家が人権条約に加わったことによって国家が統治下の個人に対して負う義務を3つのレベルないしタイプに分類する。

　第1のレベルは、国家が個人の財産の利用に干渉せず（不作為）、尊重することによって達成される。「尊重義務」と呼ばれる。

　第2のレベルは、他の私人によって侵害が行われる場合、国家は私人による侵害から個人を保護する義務がある。「保護義務」と呼ばれ、国家は積極的に権力を行使して介入（作為）する必要がある。しかし、予算措置などを必要としない。

　第3のレベルは、何らかのハンディにより個人の努力では「よい状態」を実現することができない場合に国家が予算措置を講じて積極的に介入（作為）し、個人の足りない部分を補って権利を充足するもので、「充足義務」と呼ばれる。

　個人の権利に対応する国家の義務にレベルの違いがあることを明らかにすることは、「社会権はすべて、国家の介入（作為）なしには実現しない。国会による立法、予算措置がない限り政策目標（プログラム）に過ぎないから、裁判所で請求できる権利ではない」とする広く

（1）　阿部浩己「国際人権法と日本の国内法制――国際人権訴訟の再構成」『国際人権の地平』所収（現代人文社、2003年）が最良の文献である。

行きわたった誤解を解消する上で極めて有効である。第1、第2のレベルの義務は予算措置なしで、裁判所の判断のみで実現できる。

（4）　一般的意見

社会権規約11条は「適切な生活水準の権利」を定めた条文で、その中に「適切な居住の権利」について定められている。11条1項の条文は「この規約の締約国は、自己及びその家族のための適切な食糧、衣類及び居住を内容とする適切な生活水準についての、並びに、生活水準の不断の改善についての、すべての者の権利を認める。締約国はこの権利を確保するために適当な措置をとり、このために自由な合意に基づく国際協力が極めて重要であることを認める」である。ここに言う締約国に、日本政府も含まれる。

条文は至って簡潔で、条文の文言だけからでは権利の具体的内容が明らかでない。そこで、締約国の報告書を審査する国連社会権規約委員会は、締約国に権利の実現すべき内容を示し、かつ、報告書審査の際の基準を示すために、規約の実施について重要な事項、各権利の内容について委員全員（18人）の意見が一致したものを「一般的意見（general comment）」として順次公表している。一般的意見は、権利の具体的内容と解釈を知る上で極めて重要かつ権威ある文書である。

一般的意見がなぜ、国内裁判所が裁判する場合の指針となりうるかについては、本稿末尾でリーデル教授の証言に言及する際、要点のみ触れることとし、ここではこれ以上立ち入らない[2]。

（5）　政府報告書審査

政府報告書は、5年ごとに委員会の報告書作成のためのガイドラインに従って作成されるが、きれい事になりがちである。委員会は具体的な質問事項を出してさらに追加報告を求める。NGOは政府報告書に対しカウンターレポートを提出し、政府が報告しない重要な事項を

（2）　この点についても阿部前掲書「国際法における居住権の相貌」が最良の文献である。

報告する。委員会は NGO 報告書も参考にし、審査を通じて締約国政府と権利実現に向けて建設的対話を繰り返す。委員会は審査の最後に「最終見解」を公表し、権利実現において前進した点は賞賛し、停滞、後退している点には懸念を表明し、なすべきことを勧告し、次回の報告に際し再度報告するように求める。

NGO は、「最終見解」で示された内容の実現に向けて締約国政府と建設的対話を繰り返しその結果を委員会に報告するなどのフォローアップを行う。

(6) 居住の権利（一般的意見第4）

正確には「適切な居住の権利」は社会権規約 11 条の「適切な生活水準の権利」の内容をなすものとして規定され、締約国政府は統治下のすべての人にこの権利を保障する義務を負う。権利の内容にどのようなものが含まれるかについて委員会は委員全員一致で「一般的意見」を順次発表していることは先に述べたとおりである。世界各地での大規模開発等を背景とした「強制立退き」に対する NGO の批判から、委員会は他の社会権に先駆けて居住の権利に関する一般的意見（第4／1991年）を発表した[3]。

居住の権利にはさまざまな側面があるが、第1は居住へのアクセス、第2は占有の法的保障、第3は居住の質的側面、第4は居住に伴うケアである[4]。

一般的意見第4は、その8項で権利の内容として(a)〜(g)の7項目をあげているが、その第1に「占有の法的保障（legal security of tenure）」がある。居住権を構成する要素の中でも占有の保障をいかに重視しているかが明らかである。それは「(a)占有には、公的・私的賃貸、自己所有、避難所、土地や財産の占拠を含む非公式の定住（informal settlements）などさまざまな形態がある。すべての人は占有の

（3） 拙稿「居住の権利（ハウジング・ライツ）」近畿弁護士会連合会編『阪神淡路大震災人権白書』序章、明石書店 1996 年。
（4） 拙編著『奪われた居住の権利』第3章 198 頁以下・エピック 1997 年。

形態いかんにかかわらず、強制立退き、嫌がらせ、その他の脅しに対し、法的保護を保障する一定程度の占有の保障を持つべきである。政府は、影響を受ける人々、世帯との真正な協議によって、現在これらの保護を欠いている人々に対し、法的な占有の保障を与える緊急の措置をとらねばならない」というものである。

「真正な協議（genuine consultation）」とは、結論を予め決めていない実質的な協議である。強制措置等の実施日程を決め、その間協議したような形をとるのは「真正な協議」ではない。

ここで注目しなければならないことは、わが国では所有権、賃借権、使用貸借権に基づく占有以外の占有は不法占拠として一切の保護が受けられないと考えられてきたのであるが、社会権規約委員会は、「非公式の定住」にも一定の保護を与えられるべきであると考えていることである。

これは、居住の権利はすべての人権の基礎であり、居住の権利ぬきには他のあらゆる人権は成り立たないからである。居住の権利が「安心して、平穏に尊厳をもって生活をする場所を持つ権利」と定義されることの当然の帰結である。これは言うまでもなく、不法占拠のすすめではない。しかし、災害、倒産、疾病や心身の障害など自分の責任でない原因によって住む場所を持つことができなくなった人々に対しては、国家は居住へのアクセスを保障すべきであり、国家がその責任を果たしていないためにホームレス状態になっている人々を、現に占有している場所から、適切な代替の住居を提供することなく強制立ち退きさせてはならないということである。

委員会は、居住の権利が侵害されようとしている場合の国内法による救済手続として少なくとも5項目があるとし、その第1に「裁判所の命令による立ち退き・解体の執行停止を求める不服申立」（17項(a)）を挙げている。ひとまず、強制立ち退きの執行を停止して、立退きを正当化しうる条件を備えているか検討せよ、というのが委員会の考えである。また、「強制立退きは明らかに規約の要請と一致せず、極めて例外的状況の下で、関連する国際法の諸原則に一致する場合に

のみ正当なものと考える」(18項)と述べて、強制立退きが原則的に社会権規約に違反することを強調している。

(7) 阪神大震災

　居住の権利の詳細な内容を明らかにした一般的意見第4は、1991年に出されていたにもかかわらず、阪神大震災の発生した1995年1月17日の時点で、わが国ではほとんど知られていなかった。災害対策救助法など既存の国内法では、その極めて制限的な解釈を指導する通達の下で、多数の被災者の人権を保障するには程遠いものであった。長年実施できずにいた道路拡張など都市計画を、震災を奇貨として強行し、予算を多数の被災者の救済のためでなく、ゼネコン等のために使いたい中央・地方政府は社会権規約11条を無視した。

　神戸市は8月20日、250の避難所に1万人を越す被災者がいる中で避難所閉鎖、食糧供給打ち切りを強行し、都市計画に邪魔になる被災者を山間部の仮設住宅へ追いやろうとした。その仮設住宅にさえ入れない人が多数いた。公園などでの生活者にも強制立退きが迫っていた。このような状況の中で被災者は、国際的な居住権運動団体ハビタット・インターナショナル・コアリション（HIC）の存在を知り、調査団の派遣を求めた。調査は実行され、翌年詳細な報告書が出版され、さらにその翻訳が出版された[5]。仮設住宅で水道の供給を止められた被災者をはじめ、毎月5～6人のペースで孤独死、自殺が発生し、1998年12月で235人に達した。

　社会権規約11条「居住の権利」は、わが国においては、大震災の瓦礫、5000人を越す死者、4万人を越す負傷者という犠牲の上に初めて生まれたと言っても決して過言ではない。従って、この権利を守り育てることは生き残った者の死者に対する義務である。

（5）　阿部浩己監訳・近畿弁護士連合会編『救済はいつの日か──豊かな国の居住権侵害』（エピック、1996年）。

(8) 居住の権利の発展

当初、被災者の中でも避難所、仮設住宅に住む人々の権利として自覚された「居住の権利」は、被災マンションの住民の権利として、野宿場所を追われるホームレス状態の人々の権利として、さらに、戦中から戦後にかけて日産所有地を所有権のないまま居住し占有するようになった京都府宇治市ウトロの朝鮮人集落の人々の権利として、建替のために強制立退きを迫られる公団住宅住民の権利として、さらに駅前再開発のために住居、店舗を追われる住民の権利として自覚されるようになった[6]。

(9) 強制立退きからの保護（一般的意見第7）

社会権規約委員会は、原則的に「居住の権利」と両立しえない「強制立退き」に関して、これに特化した21項からなる一般的意見（第7／1997）を発表した。

社会権規約は、先に見たように多数の権利を含んでいる。他の個別の権利について未だ一般的意見が出されていない段階で、「居住の権利」についてだけ、しかも「強制立退き」に特化した一般的意見が出されたということは、委員会が「強制立退き」がいかに人間の尊厳を損なう人権侵害性が強い行為であると認識しているかを示している。紙数の制約上、政府報告書及び社会権規約委員会の「最終見解」と関係の深い項のみについて言及する[7]。

「強制立退き（forced evictions）」の定義

まず委員会は、用語について争いがあることから、これを次のように定義する。「この一般的意見を通して用いられる『強制立退き』という用語は、個人、家族及び／又は共同体を、それらが占有している住居及び／又は土地から、その意思に反して、適切な形態の法的又はその他の保護を与えること及びそれらへのアクセスなしに、恒久的又

（6） 公団住宅建て替え問題について・阿部・前掲「居住権の相貌」。
（7） 訳文については、申惠丰・青山学院大学法学部助教授の訳文を参照させていただいた。

は一時的に立ち退かせること、と定義される。しかしながら、強制立退きの禁止は、法(the law)に従って、かつ国際人権規約の規定に合致して実力で行われる立退きには適用されない」(3項後段)。

ここにいう「法(the law)」とは、「国際人権規約の規定」との対比から、国内法を含むことは明らかと思われるが、国際人権規約に明文の規定のない法原則も含むものと考えられる。同時に、国際人権規約や法原則に反する国内法は含まないものと見るべきである。

以下強制立退きが認められる要件及び認められる場合にも従わねばならない重要な原則を私の理解で整理し列記する。もちろんこれに尽きない。

① 権利に対する制限・高度の正当化事由の必要

適切な居住の権利・強制立退きを受けない権利 (the right not to be subjected to forced eviction) に制限を課すことが必要な状況においても、いかなる制限も、規約第4条(権利の性質と両立し、民主的社会における一般的福祉を増進することを目的とする場合に限り、法律で定める制限のみを課しうる)を完全に遵守することが要求される。5項

② 国際人権法の関連規定、合理性・比例の原則の厳格遵守

立退きは、それが正当化される場合も、国際人権法の関連規定を厳格に遵守し、かつ、合理性及び比例性の一般原則に従わねばならない。14項

③ デュー・プロセス・真正な協議

両方の国際人権規約で認められた権利の多数に直接にかかわる強制立ち退きのような事柄に関してはデュー・プロセスの要請を満たさねばならない。強制立退きに関連して適用される手続的保護には(a)影響を受ける人との真正な協議の機会等を含む。15項

④ 尊重義務・保護義務

国家は、自ら強制立退きを控えかつ、強制立退きを実行する業者又は第三者に対しても法に従って行われることを確保しなければならない。8項

⑤　差別の禁止
　立退きの実施に際しては、いかなる形態の差別もあってはならない。10項
　⑥　懲罰措置の禁止
　懲罰措置としての強制立退き・住宅破壊は規約と合致しない。12項
　⑦　適切な代替住居の提供
　立退きは、個人をホームレスにし、その他の人権侵害を受けやすい状態をもたらしてはならない。国家は、個人が自分で用意できない場合には、適切な代替的住居等を確保するため、利用可能な資源を最大限用いて、あらゆる適当な措置をとらなければならない。16項
　⑧　適切な補償を受ける権利
　国家は、影響を受ける人々がいかなる動産・不動産にも適切な補償を受けられるよう取りはからわねばならない。13項
　⑨　賃料不払いの場合
　継続的な賃貸料不払い等のように、立退きが正当化される場合にも、法律によって保障された方法で、かつ、影響を受けた人がすべての法的請求及び救済が利用できることを確保する当局の義務がある。11項

3．2001年第2回報告書に対する社会権規約委員会「最終見解」

（1）　第2回政府報告書の提出

　提出期限は1991年であったが非常に遅れていた。各省庁の報告をとりまとめるのは外務省人権難民課である。阪神大震災後も提出されなかったため、被災者の避難所からの閉め出しなど、居住の権利の侵害についてどのように報告されるかが注目されていた。報告書には、「ホームレス、違法居住者及び追立てに関する統計的なデータはない」としか記載がなかった。
　委員会からの質問29「日本における強制立退きの数に関する詳細

第6章 居住福祉における強制立退きの位置

な情報を提供して下さい」に対し、政府は「4　委員会の一般的な性格を有する意見7のパラ4で定義されている『強制立退き』については、我が国において、国その他の公の機関によって行われるものは制度上及び事実上存在しない。なお、我が国においては、土地収用及び不動産の明渡しの強制執行については、以下のとおり『法律に従い、国際人権規約に反せずに』（一般的性格を有する意見7のパラ4）行われている」と民事執行法に基づく一般の強制執行のみについて回答した。

また、「問30. 阪神淡路大震災の被害者のリハビリテーションのために、日本政府によってとられた措置に関する情報を提供して下さい」に対しては、政府は、いかに仮設住宅を建て、復興住宅を建てたかということは報告されていたが、地震で損傷し修理するか再建するかで住民の意見が割れたマンションから、修理を望む住民を仮処分という極めて簡易な方法で強制立退きせたことなどは、全く報告されなかった（外務省ホームページ→分野別外交→人権→国際人権規約）。

（2）　カウンターレポートの提出と審査

日本弁護士連合会の社会権規約全般にわたる包括的なカウンターレポートの他にさまざまな分野で活動するNGOから個別分野のレポートが国連社会権規約委員会に提出された。審査の様子は、「社会権規約委員会日本報告審査全記録」（『国際社会から見た日本の社会権』所収、現代人文社、2002年）の通りである。

一例を挙げると、モーリシャスのピレイ委員からは、「日本政府は日本には『強制立退き』は存在しないというが、実情はどうか、ウトロの人々の問題に政府が介入したり代替住居を提供したりして解決しようとしないのは中核的義務に違反するのでないか。仮処分手続による強制立退きや執行停止が認められないことは一般的意見4、7に反するのではないか」、フランスのテクシエ委員からは、「ホームレス状態の人々、住居のない人々に対しては社会保障に関する法律が適用されないのは本当か。高裁判決が規約上の（居住の権利に対応する政府）

の義務は、個人の権利には直接適用されないとするのは、11条との関連で裁判官の姿勢に矛盾があるのではないか」等の質問があり、リーデル委員から日本での調査を踏まえて詳細な疑問の提示等々があった。これに日本側委員が答えていて大変興味深い記録である[8]。

(3)「強制立退き」に関する社会権規約委員会「最終見解」

「最終見解」は、社会権規約の全領域にわたる詳細なものである。容易に全文を入手できるのでぜひ全体をお読みいただきたい[9]。ここでは、テーマに関係する部分のみを挙げる。

委員会は「主な懸念される問題」において以下のように述べている。

「30. 委員会は、強制立退き、とりわけ仮の住まいからのホームレスの強制立退き、及びウトロ地区において長い間住居を占有してきた人々の強制立ち退きに懸念を有する。

この点に関し、委員会は、特に、仮処分命令発令手続においては、仮の立退き命令が、何ら理由を付すことなく、執行停止に服することもなく、発令されることとされており、このため、一般的性格を有する意見4及び7に確立された委員会のガイドラインに反して、あらゆる不服申し立ての権利は無意味なものとなり、事実上、仮の立退き命令が恒久的なものとなっていることから、このような略式の手続について懸念を有する」

さらに委員会は、「提言及び勧告」において以下のように述べた。

「56. ……締約国は、ホームレスの人々の適切な生活水準を確保すべく、生活保護法のような既存の法律を十分に適用するために適切な措置をとるべきである。

57. 委員会は、締約国があらゆる立退き命令、とりわけ仮処分命令発令手続が、一般的な性格を有する意見4及び7において委員会が明

---

(8) 拙稿「『居住の権利』の発見」『居住福祉学と人間』所収(三五館、2002年)、同「阪神大震災被災者の抱える最大の問題に言及」斎藤正樹・新屋敷健「強制立ち退きと『居住の権利』」『国際社会から見た日本の社会権』所収(現代人文社、2002年)。
(9) 国連人権高等弁務官事務所ホームページ・外務省ホームページ。

示したガイドラインに従うことを確保するために救済的な行動をとることを勧告する。」

(4) 「最終見解」の評価
「最終見解」は、「強制立退き」に関する部分だけをとってみても画期的なものである。画期的という意味は、社会権規約をめぐる日本の行政、裁判の現状を規約の視点から具体的かつ明確に判断したという意味である。
「懸念」と「提言・勧告」を併せ読むと判断された項目は、ホームレス状態の人々、ウトロの人々の強制立退き、仮処分命令という簡易な手続による強制立ち退きの3点である。

① ホームレス状態の人々に対する強制立退き
わが国では、奇妙なことに住居の最も必要なホームレス状態の人々に、住所がないことを理由に生活保護法の居宅保護の適用を拒否してきた。これは、強制立退きの結果、ホームレス状態にしてはいけないという以前の問題である。委員会は、強制立退きが認められる場合でも一般的意見4の8項(e)で示している住居へのアクセス可能性、一般的意見7の16項で示している代替住居を提供すべきことを示唆しており、これ抜きの強制立退きは、規約違反であることの懸念を表明していることになる。また、ホームレス状態の人々に対する強制立退きは、道路法などを根拠に行政代執行という仮処分よりももっと簡易な方法で行われてきた。その問題点は後述する。

② ウトロの人々の強制立退き
この問題については、斎藤正樹氏らの報告（上掲書）があるから詳しくはそちらをごらんいただきたい。ウトロでは、もとの土地所有者日産が不動産業者に土地を売り、業者から明渡訴訟が提起され最高裁判決により明渡を命ずる判決が確定している。所有権を絶対的なものとする民法の下では、住民は何の権利もなく、他人の土地を占有する

不法占拠者になってしまう。しかし、居住の権利を認める社会権規約のもとでは、まず、明渡の結果、ホームレス状態になる人にはこれを避けるために代替住居が提供されねばならない。さらに、強制立退きを避けるために真正な協議がなされ、国家が介入すべきことが示唆されている。居住の権利は、単に建物の権利でなくコミュニティーの権利でもあること、何よりも人が尊厳を持って住む場所を持つ権利であることが示唆されている。これは、規約の解釈に、政府報告書審査過程での議論も参考にされるべきだからである。

③　仮処分手続による強制立退き

　仮差押えや大部分の仮処分は、裁判によって権利が確定する以前に、仮に権利があるものとして現状を維持する裁判所の命令である。例えば、売買を原因とする建物の所有権移転登記を請求する原告（仮処分手続では債権者と呼ぶ）が、判決が確定するまで待っていては被告が建物所有権を第三者に移転しかねない場合に、処分を禁止する命令をもらう手続である。ところが、仮処分の中に、仮の地位を定める仮処分（断行仮処分）という制度があり、原告に仮に所有権が移ったものとして、被告に対して建物を明け渡させる仮の地位を定める命令をもらう手続がある。この場合、原告は単に建物の明渡を受けるだけでなく、仮に自己のものとなった建物を解体することもできるとされている。そして原告がそこに新たなビルを建設してしまうと、被告は最終的に裁判で勝っても容易にもとの状態に戻れないし、裁判所は一旦そのような仮処分を出してしまうと、それを覆す判決を出しにくくなる。そうなると、仮の地位といいながら恒久的な結果を生じてしまう。これは、原告にとっては都合のよい制度であるが、間違って判断されると、被告にとって重大な人権侵害となる。住み慣れた自分の家から、無理矢理家財が運び出され、建物が解体される。冤罪による死刑判決のようなものである。通常、家賃の不払いや、家主の側で使う必要がある場合の建物明渡裁判は証人尋問を行い、時間をかけて極めて慎重に行われる。ところが、断行仮処分は、証人尋問は認めず書面だけの、

第6章　居住福祉における強制立退きの位置

1時間程度の1回限りの審理で命令が出される。

このような手続が、阪神大震災の被災マンションの建替か修理かという争いで建替派の主張を認めた場合や、都市再開発で再開発組合の主張を認めた場合などに行われた。いずれもマンション新築、再開発ビル新築というゼネコン等の利害と年金生活者など零細な居住者、零細な地元業者の権利が大きく対立する場面である。

通常の訴訟では、判決の理由が詳細に書かれる。仮処分手続を定めた民事保全法16条にも最低「理由の要旨」を書かなければならないと定めているが、現実には「債権者の主張を相当と認め」という予め印刷された文案だけが理由とされている。理由を書かなければ、どんな間違った結論でも出すことができる。理由の記載は居住の権利の侵害を防止するためにも不可欠である。執行停止を求めてもほとんど認められない。さらに仮処分手続に至るまでに、強制立退きが認められるための、都市再開発法に従っているか、真正な協議がなされたか、適切な代替建物、適切な補償がなされたかなど、さまざまな条件がクリアされていない。

断行仮処分という手続がいかに居住の権利を侵害する可能性を含んだ手続であるか、少なくとも現在の運用がそうであるかは明らかであろう（本来予定されていた解釈、運用については5で述べる）。

委員会が、「一般的意見4、7に確立された委員会のガイドラインに違反（する）このような略式の手続について懸念を有する。仮処分命令発令手続が、一般的意見4、7において委員会が明示したガイドラインに従うことを確保するために救済的な行動をとることを勧告する」と述べたのは、委員会がこれまで出してきた一般的意見から当然の帰結であった。

委員会は、これまで一般的意見で強制立退きが認められる場合の要件を明らかにしてきた。しかし、仮処分手続という一国の具体的な法制度にこれらの意見を適用したのは、恐らく日本のケースが初めてであろう。仮処分手続は、細部の違いはあっても大陸法の国にはある制度（というより日本がそこから輸入した）である。その意味で普遍性が

ある。委員会は個別の国の報告書審査を通じて社会権規約の解釈を深めているのである。そして、今回の「最終見解」を通じて解釈は明らかに深化されたといえる。

④　日本政府の反論

日本政府は、2002年11月29日、社会権規約委員会の「最終見解」に対し、意見書を提出して反論したが、上記の部分については全く反論していない。

日本政府の反論の中で重要な点は、意見書4項(1)で「10及び33項に関し、我が国は、貴委員会の見解は1つの意見として参考とするが、社会権規約を含め条約の一義的な解釈権を有するのは、あくまで個々の締約国であり、我が国としては、条約の規定を直接適用し得るかについては、当該規定の目的、内容及び文言等を勘案し、具体的な場合に応じて判断しているところであり、社会権規約の規定の直接適用性に関する我が国の立場は審査に際して説明したとおりである」と述べている点である。注目すべきは「条約の規定を直接適用し得るかについては、当該規定の目的、内容及び文言等を勘案し、具体的な場合に応じて判断している」と述べている点である。今までのところ「社会権規約11条は政策目標」と述べて適用を拒否してきた。具体的場合に応じて判断してきたとは見えない。しかし、今後に期待したい。

最終見解の10、33項は以下の通りである。

「10項．委員会は、締約国が、規約の規定の多くが憲法に反映されている事実があるにもかかわらず、国内法において規約の規定に対し、満足のいく方法で効力を与えていないことに懸念を有する。委員会は、立法及び政策形成過程において、規約の規定が十分に考慮されておらず、また、立法上及び行政上の計画、また国会での議論において、規約の規定がほとんど言及されないことについても懸念を有する。委員会は、さらに、規約の規定に直接的効力を持つものはないとの誤った根拠に基づき、司法の決定が、一般的に規約に言及していない事実があることについて懸念を表明する。締約国がこの立場を支持すること

により規約上の義務に違反していることは、さらなる懸念事項である。

33項．委員会は、締約国が規約の下で生じる法的義務に対する立場を見直すこと、そして、少なくとも中核的義務に関しては、一般的な性格を有する意見13及び14も含め、委員会の一般的な性格を有する意見において概説されているように、規約の規定が実際上、直接適用可能なものとして解釈されることを要求する。」

極めて重要な問題であるが、以下の紹介だけに止めたい。

4．社会権規約委員会委員
アイベ・リーデル教授の証言

社会権規約11条居住の権利、特に、強制立ち退きからの保護を受ける権利について、2003年10月8日大阪高等裁判所平成13年（行コ）第102号行政代執行処分取消請求控訴事件において、国連社会権規約委員会副委員長アイベ・リーデル（Eibe Riedel）：マンハイム大学教授が証言された。同証言は、単に国際法学者、社会権規約委員としての証言ではなく、大部分が社会権規約委員会の立場を代表する証言としてなされたもので、社会権規約の現時点で考え得る最も権威ある解釈というべきものである。その証言中、上記の日本政府の反論に関する部分、即ち、社会権規約の国内裁判所での適用に関する部分を中心に紹介する。

① 社会権規約委員会は、社会権規約は、国家に尊重義務、保護義務、充足義務の3種の法的義務を課すものと解しており、政治的責任の表明だとする最高裁1989年3月2日塩見年金訴訟最高裁判決の解釈は、正しくないと判断する。

② 社会権規約委員会は、一致した見解として、社会権規約は国内裁判所で適用可能だと考える。少なくとも、権利の中核的義務については適用可能だと考える。

③ 憲法、国内法は国際法に照らして再解釈することが裁判所に求められる。

④ 社会権規約委員会の一般的意見は、それ自体は法でなく、法的

拘束力を持たないが、裁判所は規約を解釈する義務を負い、その際の非常に有意義な解釈の補助手段である。

⑤　一般的意見は、その起草から成立に5〜10年をかけ膨大な資料を収集し、委員会で採択後インターネットで公開して意見を求め、多方面からの意見を参考にされ、公開の一般的討議に付され、最終的に作成される。その過程ですべての関連する国際法規を検討し反映させ学術的貢献をしている。権威ある非常に有益な解釈の指針、補助手段である。これを利用しない形での判決は、裁判の拒否にもなりうる。

一般的意見については、社会権規約締約国44ヵ国の代表が参加した会議で、1ヵ国の代表のみが批判的であり、その国に対して多くの代表が委員会を擁護した。

⑥　裁判所は、条約、慣習法、法の一般原則等を日本の国内法秩序に適用可能なものとして精査し解釈する義務を負う。国際法を無視すれば、国際的義務を実現する国家の義務に違反する。

⑦　（行政代執行法に基づく）除却命令が合法であっても、適切な代替措置が提供されない執行は停止されるべきである。

5．仮処分決定が理由を欠くことの違法性について

理由を書かない仮処分決定がなぜ居住の権利の侵害になるかについては、⑶－③で述べた。一般的意見7は、強制立退きが行われる場合、国内法、国際人権法に従うべきことを定めている。わが国の国内法である民事保全法16条に従うべきことは当然で、その解釈には立法過程の審議や、理由の記載に関する最高裁判例が取り入れられねばならないことは当然である。

（1）　民事保全法の立法過程の審議

後にいずれも最高裁判事になられた法務省藤井正雄民事局長（衆議院法務委員会議事録1989年11月21日）、最高裁判所長官代理泉徳治民事局長（参議院法務委員会議事録同年12月12日）が質疑に対し応答しておられる。

第 6 章　居住福祉における強制立退きの位置

　これらは国権の最高機関としての国会における審議であり、立法後はこのように解釈されるものとしての理解のもとに法案は決議されたものである。民事保全法 16 条「理由の要旨」等の解釈として当然尊重されるべきものである。
　「理由の要旨は、幅のある概念で、当事者双方の対立が顕著な事件については、理由の要旨として重大な争点について十分な理由づけがなされ、当事者に示されるものと確信致しております。」（衆議院法務委員会議事録 4 頁）。
　複雑かつ双方の対立が顕著な断行仮処分事件において「債権者の申立を相当と認め」という印刷文字だけでは、とうてい「十分な理由づけがなされ」たとは言えないことは明らかである。
　また複雑な事案においては「任意的口頭弁論が活用され、証人尋問が行われることが予定されている」ことも答弁されている（参議院法務委員会議事録 8、9 頁）。断行仮処分事件において 1 回の 1 時間程度の審理で「証人尋問を行わず」結論を出すことは国会での答弁の趣旨に反し、「最終見解」（30 項、57 項）に反することは明らかである。

（2）　最高裁判例
　理由の記載の必要性については、最高裁は行政行為の理由付記について繰り返し判断を示しており、行政行為以上に「理由を付すべし」とされる裁判に理由を欠くことが違法であることは、最高裁は当然認めている筈である。この点については藤田宙靖最高裁判事による判例学説の紹介が参考にされるべきである[10]。

6．現　　　状

　阪神大震災被災地は 9 年目を迎えたが、公営住宅に入居している被災者に対し家賃滞納を理由に兵庫県や神戸市からの明け渡し訴訟、即ち、強制立ち退き事件が急増している。98 年度兵庫県の被災者相手

---

(10)　藤田宙靖『行政法 1〈第 4 版〉』（青林書院、2003 年）146 頁。

の訴訟は6件、01年度は86件。神戸市は前者が33件、後者が132件（朝日新聞）である。家賃は家計に適合したものでなければならないという居住権の要請（家計適合性（affordability））にも違反している。

　2003年、大阪市・大阪府と京阪電車の第3セクター中之島高速鉄道㈱が地下鉄工事のため河岸でテント生活をしていたホームレス状態の男性に対し、明渡を求める断行仮処分手続を申請した。審尋手続と並行して、市に対し生活保護法による居宅保護を申請しこれが認められたので裁判上の和解により解決した。他方、大阪市は20年以上も認めてきた天王寺公園のカラオケ店のテントを8,000万円かけて行う通路改修工事の邪魔になることを理由に、12月28日、都市公園法に基づく行政代執行で除却した。カラオケ店で働くことによって辛うじて衣食住をえてきた人々は再びホームレス状態に陥らざるをえない。真正な協議、代替住居の提供など強制立退きの要件が守られていない。

むすび

　「強制立退きを受けない権利」に対する認識は、一進一退ではあるが少しずつ前進しているように思われる。居住福祉において強制立ち退きを受けない権利はその中核をなすものの一つである。まず、居住福祉学会の会員の中にその認識が広がり深まることを期待したい。

追記

　2002年の建物区分所有法の改正によって、区分所有建物（マンション、団地）の建て替えが、従来の、建て替えより補修の費用が「過分」であることという要件が外され、区分所有者の5分の4の賛成で建て替え可能となった（そのことの憲法違反、居住の権利侵害の問題は別の機会に論じる）。その結果、「終の棲家」として購入し30年住み慣れ80歳に達した高齢者が、十分住み続けられる自宅を意思に反して追い出されかねない事態が発生している。

　2006年10月施行の障害者自立支援法が導入した「応益負担」、「障害程度区分」などによって従来施設を利用できていた障害者が、利用

できなくなり施設を追い出されかねない事態が発生している。

あとがき

　本巻は、最も厳しい居住状態である「ホームレス」を扱った。日本では毎年、千人をくだらないであろう多くのホームレス生活者（野宿者）が命を失っている。それにもかかわらず、ホームレス生活者に対する評価は、「怠けている」「反社会的」「社会の落伍者」などと批判的である。こうした一般的な見方にはいくつかの理由がある。

　日本のホームレス生活者の多くは、住居、就労、社会、医療、保健、教育など生活を支えるあらゆることから排除され、生命の危機に瀕しているのが実情であるが、歴史的に培われてきた少数集団に対する偏見がこの事実を覆い隠す。これはウトロなどの少数民族の問題にも当てはまる。

　日本のかぼそい社会保障は限られた人々しか助けることができない。そのため多くの人々は家族・親族・知人で支えあい、就労することで企業福利を求めてきた。諸外国の研究者から「日本の野宿者は、物乞いをしないので不思議だ」と言われるが、このように近年の日本人は政府や他人から助けられることに慣れていない。裏返せば、他人を助けることにも不慣れなのだ。

　ホームレス問題は、「社会的排除」の最たるものであると言われるが、日本社会自体がさまざまな関係性を失っている。長期にわたる就労による生活水準の向上という仕組（働かざる者、食うべからず）の中で人と人との関係を失い、金銭にのみ絶対的な価値を置く社会を作ってしまった。

　こうして作られた社会が健康で就労できる者だけを受け入れ、他と違う考えや行動を持つ者を排除し、ホームレスやマイノリティ問題を生み出してしまう。これらの問題は、少数者の問題であるばかりでなく、暮らしや居住を支える条件とは何かという根源的な課題を我々に突きつけてくる。そういう意味で第2巻にこの問題が収められたこと

は重要な意義を持つ。本巻が次巻以降のプロローグとなれば幸いである。

2007年3月

日本居住福祉学会　事務局長　岡本祥浩

〈初出一覧〉

第1章　居住福祉研究3号（2005）
第2章　居住福祉と生活資本の構築（2007）（ミネルヴァ書房）に加筆
第3章　書斎の窓544号〜547号（2005）
第4章　北海経済（2004年1月号、2月号）
第5章　居住福祉研究2号（2004）及び居住福祉研究別冊1号（2005）
第6章　居住福祉研究2号（2004）

《編者・執筆者専門分野紹介》掲載順

早川　和男　（はやかわ　かずお／長崎総合科学大学教授・神戸大学名誉教授）
生年：1931 年（昭和 6 年）
専門分野：都市工学
主著作：空間価値論（勁草書房、1973）、住宅貧乏物語（岩波書店、1979）、居住福祉（岩波書店、1997）

吉田　邦彦　（よしだ　くにひこ／北海道大学教授）
生年：1958 年（昭和 33 年）
専門分野：民法
主著作：債権侵害論再考（有斐閣、1991）、民法解釈と揺れ動く所有論（民法理論研究 1 巻）（有斐閣、2000）、契約法・医事法の関係的展開（同研究 2 巻）（有斐閣、2003）、多文化時代と所有・居住福祉・補償問題（同研究 3 巻）（有斐閣、2006）、居住福祉法学の構想（東信堂、2006）

炭谷　茂　（すみたに　しげる／前環境事務次官）
生年：1946 年（昭和 21 年）
　1969 年東京大学法学部卒業後、厚生省（当時）に入る。厚生省各局、自治省、総務庁、在英日本大使館を経て、1995 年厚生省国立病院部長、1997 年厚生省社会・援護局長、2001 年環境省官房長、地球環境局長、2002 年総合環境政策局長、2003 年 7 月環境事務次官に就任、2006 年 9 月退任。現在（財）休暇村協会理事長、国立大学法人山口大学理事等を勤める。
　また、現在、法政大学、創造学園大学等で社会福祉学、医療論、環境論、環境福祉論を担当。
　環境福祉学会副会長、日本ソーシャルインクルージョン推進協議会代表、日英高齢者・障害者ケア開発協力機構日本委員会副委員長。
主著作：「高齢者看護学」（分担執筆、中央法規、2007）「ソーシャルインクルージョン」（共著、中央法規、2006）「環境福祉学の理論と実践」（編著、環境新聞社、2006）

岡本　祥浩　（おかもと　よしひろ／中京大学教授）
生年：1957 年（昭和 32 年）
専門分野：ホームレス問題
主著作：居住福祉の論理（早川と共著）（東大出版会、1993）

椎名　恆　（しいな　こう／元北海道大学教授）
生年：1947 年（昭和 22 年）、2006 年 10 月 31 日逝去
専門分野：建築労働政策、産業秩序論、北海道の季節労働者、ホームレス
主著作：「北海道の建設産業の『季節労働者』とホームレス」社会政策学会誌 1 号（1999）

編者・執筆者専門分野紹介

斎藤　正樹　（さいとう　まさき）
　　　　　　生年：1949 年（昭和 24 年）
　　　　　　専門分野：在日朝鮮人問題
　　　　　　主著作：ウトロ置き去りにされた街（かもがわ出版、1997）

熊野　勝之　（くまの　かつゆき／弁護士）
　　　　　　生年：1939 年（昭和 14 年）
　　　　　　　八海事件など冤罪事件、種谷牧師牧会権裁判、伊方原発設置許可取消訴訟、箕面忠魂碑違憲訴訟、指紋押捺拒否裁判、1995 年阪神大震災以後、居住の権利、公正な裁判を受ける権利を中心に国際人権規約の活用に取り組む。
　　　　　　主著作：「国権と良心」、「矢内原忠雄と現代」、「阪神淡路大震災人権白書」、「闇から光へ」いずれも共著、「奪われた居住の権利─阪神大震災と国際人権規約」（編著）。

日本居住福祉学会のご案内

〔趣　旨〕

　人はすべてこの地球上で生きています。安心できる「居住」は生存・生活・福祉の基礎であり、基本的人権です。私たちの住む住居、居住地、地域、都市、農山漁村、国土などの居住環境そのものが、人々の安全で安心して生き、暮らす基盤に他なりません。
　本学会は、「健康・福祉・文化環境」として子孫に受け継がれていく「居住福祉社会」の実現に必要な諸条件を、研究者、専門家、市民、行政等がともに調査研究し、これに資することを目的とします。

〔活動方針〕

(1)　居住の現実から「住むこと」の意義を調査研究します。
(2)　社会における様々な居住をめぐる問題の実態や「居住の権利」「居住福祉」実現に努力する地域を現地に訪ね、住民との交流を通じて、人権、生活、福祉、健康、発達、文化、社会環境等としての居住の条件とそれを可能にする居住福祉政策、まちづくりの実践等について調査研究します。
(3)　国際的な居住福祉に関わる制度、政策、国民的取り組み等を調査研究し連携します。
(4)　居住福祉にかかわる諸課題の解決に向け、調査研究の成果を行政改革や政策形成に反映させるように努めます。

学会事務局

〒466-8666　名古屋市昭和区八事本町 101-2
中京大学　総合政策学部
岡本研究室気付
TEL 052-835-7652
FAX 052-835-7197
E-mail：yokamoto@mecl.chukyo-u.ac.jp

ホームレス・強制立退きと居住福祉
居住福祉研究叢書 第2巻

2007年6月20日　第1版第1刷発行　46変上製カ
　　　　　　3262-01010　P226：￥2800E：PB1+100

編　者	早　川　和　男
	吉　田　邦　彦
	岡　本　祥　浩
発行者	今　井　　　貴
発行所	株式会社信山社

〒113-0033　東京都文京区本郷 6-2-9-102
Tel 03-3818-1019　Fax 03-3818-0344

Ⓒ居住福祉学会, 信山社 2007　印刷・製本／松澤印刷・大三製本
ISBN978-4-7972-3262-2　C3332　分類369.000-a002
Ⓒ禁コピー　信山社 2007